# 雨宮処凛の活動家健康法

「生きづらさ」について
しぶとく考えてみた

聞き手・構成：今野哲男



言視舎

# まえがき1　雨宮処凛

「生きづらいなら革命家になるしかない」

作家の故・見沢知廉は、二十代前半だった私にそう言った。

それから十年もしないうちに、彼はマンションから飛び降りて還らぬ人となった。

「革命家になるしかない」と言われて二十年以上経った今、私は革命家ではないけれど、「活動家」として生きている。主に貧困や格差、生きづらさをテーマとして、作家・活動家として生きている。

「どうしてそのような活動をしているんですか？」

そんなことをよく聞かれる。そのたびに、答えに窮する。「正義感が強いんですね」「優しいんですね」なんて言われることもある。そんな時、やっと口から言葉がついて出る。「違うんです。正義感でも優しさでもなんでもなくて、私は一〇〇％、自分のためにやってるんです」と。

子どもの頃、飢えに苦しむ貧しい人々の姿をテレビで見て、眠れなくなった。

十八歳で上京した東京では、新宿駅に溢れるホームレスに言葉を失った。

平成は「戦争がない時代だった」と言われる。しかし、世界を見渡せば多くの命が戦争で奪われた。9・11テロを受けてアフガンが空爆され、イラク戦争が始まり、それによってイスラム国が台頭し泥沼の状況となり、そして今も、多くの国で内戦が続いている。犠牲になるのは、いつも子どもや貧しい人など、弱い立場にいる人々だ。

世界はいつも悲劇に満ちていて、そんな悲劇に何もできない自分に絶望を感じていた。自分が何をしようとも何をどう思おうとも、一ミリも世界を変えられないという無力さにも、勝手に絶望していた。それだけではない。学校で、社会に出てから、「人を蹴落とすこと」「競争に勝ち抜くこと」ばかり求められ、出会う人全員が敵かライバルにしか思えないこの社会で生きることにもほとほと疲れていた。だけど、いつからかいろんなことに対して「見て見ぬふり」をすることがうまくなって、「自己責任じゃない？」と自分と切り離してしまえば「楽になる」ことも覚えた。でも、楽になるのはほんの一瞬。

そんな時に出会ったのが、ホームレスなど生活に困窮している人々を支援している人たちだ。

彼らは当たり前に「困っている人」を助け、生活再建を手伝っていた。リーマンショックが起きて派遣切りの嵐が吹き荒れれば自分たちの年末年始の休みを返上して「年越し派遣村」を開催した。全国各地で毎週のように炊き出しをする人がいて、生活相談、健康相談に乗る弁護士や医師などの「プロ」がいた。それを支える大勢のボランティアの人たちがいた。

冬の夜、所持金もなくお腹をすかせて途方に暮れている人が、その日にうちにあたたかい個室のシェルターに入ってほっと一息つく。そんな姿を見て、嬉し涙を流したことは一度や二度ではない。

格差社会は、多くの人を傷つける。格差の「下」にいる人を傷つけるだけではない。「見て見ぬふり」をしなればならない人も傷ついている。「自己責任」と切り捨てる人も傷ついている。そして「お前だっていつこうなるかわからないんだからな」というメッセージを多くの人が受けとり、恐怖が植え付けられる。

だけど、「困っている人」を当たり前に助ける人たちを見て、私は心から救われた。それまで、どうせ人間なんてものは自分のことしか考えていないのだと思っていた。だけど世の中には、困っている人に手を差し伸べる人たちがいるのだ。しかも、意外とたくさん。世の中って、捨てたもんじゃないのかもしれない。そう思った時、生きづらさが少し、緩和された。だから自分も、そんな活動に参加してみた。そうしたらまた、楽になった。「こんなひどい社会に対して何もできない・しない自分」から、「少しはこの社会をマシにしようと動く自分」に変われたことで、息がしやすくなったのだ。

だから、「誰かのため」じゃない。自分のため。そして自分が困った時に、誰かに助けてほしいという思いもある。少なくとも、私が誰かに手を差し伸べれば、この世界は「誰もが誰もを見捨てる世界」ではなくなる。

一方で、自分自身、どこか活動に「依存している」という思いもある。しかし、それは不条理な世界で病まないようにするためのひとつの適応のような気もする。私にとって活動とは、生きるために必要な依存であり、それが二次被害的に誰かの役に立てば、それでOKというものなのだ。

しかも「活動」は心だけでなく、身体にもいい。やたらとデモに行くので運動不足にならないし、ここ数年、年末年始は越年の炊き出しに通っているので「正月太り」とは無縁。なんと「活動」はタダで美容や健康にも効果ありなのだ。

そんな私に「インタビューしたい」という今野哲男さんと出会ったのは十八年。ある集まりでのことだった。今野さんは私の本をたくさん読んでいて、作家・活動家としての「雨宮処凛」に迫りたいという。

編集者・ライターの今野さんは一九五三年生まれて団塊世代の少し下。私の両親よりもちょっと下の今野さんとの対話から、新しく生まれるものがある気がしてお話を受けた。

結果は読んでのお楽しみ。だけど、自分の中でもずっと忘れていた話や、思いがけない話がたくさんできた。作家として活動家としてどのようなスタンスで生きてきたのか、鋭くつっこまれる体験は新鮮で、多くの気づきが得られた。

この本が、あなたの悩みや生きづらさに、少しでも寄り添うものになれたら。

そう願ってやまない。

二〇一九年五月

## まえがき2　今野哲男

本書を手に取ってくれた方に向け、この一文をと思って真っ先に浮かんだ言葉がある。「弱くある強さ」あるいは「強くある弱さ」というものだ。真逆のように聞こえるかもしれないが、どちらも雨宮さんに当てはまると思う。前者は「自己認識の深さ」あるいは「反省的な意識」のゆえに、そして後者は「他者への豊かな想像力」ゆえに。

「聞き手」として繰り返した今回のインタビューで向かい合った雨宮さんには、「弱さ」の自覚を根底に据えた人が持つ、ある侮りがたい「力強さ」の印象があった。「弱さ」を我が事として引き受け、心ならずも世間の目に晒すことがあっても、臆することなく生きていくという、孤独な「覚悟」のようなものが見受けられたのだ。

これがどういうことか、一言で云い切ることはできない。本書の最後に「弱さの情報公開」という言葉が出てくるけれど（「第五章」）、それだけではもちろん届かない。具体性を積み上げるだけでは見えてこない、雨宮さん流の哲学的な全体性のようなものがあるのだから……。

雨宮さんが、出版界の表舞台に登場した二〇〇〇年代の初め、「全共闘」世代に遅れてやってきた「高校紛争」世代の私は、それまで所属していた雑誌のサラリーマン編集者を辞し、インタビューを生業とするフリーライターとして生きていこうとしていた。そんな不安を抱えた私の目には、「ゴスロリ作家」として「不思議ちゃん」扱いされることの多かった雨宮さんの派手な「衣装（意匠）」が、「いじめ」をはじめとする自身の体験を踏まえた真摯な「戦闘服」と見えた。そして、その戦闘を支える「覚悟」を、当時の「男社会」に抗する逆説的な「男気」だと感じた。文中で使った言葉で言えば、「フェミニンだけどフェミニズムではなく、でも女性性で売っていくのとは反対の、ある種、潔い戦闘性のようなもの」ということになる（第二章参照）。

当時の私は、その「衣装（戦闘服）」と「覚悟（男気、のようなもの）」に自分の不安を投影し、以後の方向性を決める縁《よすが》の一つにしたいと思っていた（今回のインタビューでは、それが「自己プロデュース」という言葉で語られ、先行世代としての自分に、彼女の世代が育った環境についての理解が、まだまだ不足していたことを思い知ったのだが）。

もう一つ、印象が深かったことがある。オウム・サリン事件にまつわる話をしたときのことだ（「第四章」）。私は、警察が山梨の上九一色村にあるオウムの施設の捜索に踏み切った際に、野を進む機動隊の長蛇の列の先頭に、一羽のカナリアの籠が捧げ持たれていたことを思い出した。そして、あの中に閉じ込められたカナリアが、雨宮さんの姿と微妙に重なったのだ。そして、いまの日本社会では、「強さ」一辺倒の機動隊を守るカナリアではなく、「弱さ」を躊躇なく見据える、雨宮さんのようなカナリアこそが必要だと思ったのである。

本書には、話題をとっ散らかし過ぎた印象があるかもしれない。だとしたら、その責は、構成のたたき台を作った「聞き手」としての私に帰せられるべきだが、読者の皆さんは、できれば以下の状態を念頭に、読んでいただければ有難いと思う。

つまり、とっ散らかってすべてが放置されたまま、カタストロフに向かって進んでいきかねないのが、今の日本の現実であり、それを質し、そして糾していくためには、とっ散らかった渾沌を虫の目でありのままに見据える力と、加えて、広くすべてを見渡せる鳥瞰的な視点とが、二つながら必要になるということだ。

その意味では、「雨宮処凛」という人間は、自身の経験で我が物にした虫の眼差しに、活動と学習に拠って俯瞰的な視線を養って造られた、こう言ってよければ優れて身体的なアンドロイドなのだと思う。雨宮処凛は数少ない本物の一人である。なぜなら現代にあっては、底が抜けて久しい現代の日本にとっては、アンドロイドこそが真のリアリストたる条件なのだから。

旧態依然たる旧人類の一片割れでしかない私としては、この国のこの時代にあって「雨宮処凛」たる人よ多かれかし！　と、無骨に祈るばかりなのである。

# 目次

## 第二章　雨宮処凛とはどんな人間か

## 第五章　雨宮流人生相談　160

# 雨宮処凜の活動家健康法

第一章

# なぜ「生きづらく」なるのか

## デビュー当時を振り返る

――雨宮さんが、『生き地獄天国　雨宮処凛自伝』（二〇〇〇年、太田出版、後に一章を加筆して「ちくま文庫」）でデビューしたころの印象は強烈です。好奇の目にさらされ、時に「不思議ちゃん」扱いされて、二十年近く経ったわけですが、もう「不思議ちゃん」と言う人はいませんか。

**雨宮**　デビューした当時は「ミニスカ右翼」というキーワードが強烈でした。ミニスカートの迷彩の服を着て右翼活動をしていたのがデビュー直前だったので。その二年後くらいに「ゴスロリ」（ゴスロリは「ゴシック」と「ロリータ」を融合した、日本発祥の少女趣味のファッション。フリルなどで装飾したAラインのスカートに、呪術的・退廃的なモチーフをあしらうのが特徴。雨宮さんはデビュー当時に身に着けていた）とか「ロリータ」を着始めたのですが、当然「不思議ちゃん」枠ですよね。

で、この十二年ほどはザックリと「貧困問題の人」と思われている感じです。「生きづらさ系」のことを書いていたことも知らない人がいて、「貧困」だけだと思っている人も多いです。

――記憶が定かではないのですが、だいぶ前にお会いしたことがあって、その時にいただいた名刺か何かに、確か「右翼」という文字が入っていたような気がします。マスコミのレッテル貼りで、この人は「ゴスロリ」で「不思議ちゃん」とされてしまうと、そういう子はタイプとして少なからずいたわけですから、型に当てはめただけでわかった気になる人がたくさん出てくる。そこは、冷静に反撃しようと思っていらっしゃったような気がします。

**雨宮**　最初のころは、レッテルを貼って知ってもらうことが大事だと思ったので、ある意味自己プロデュースという割り切りもあり、わかりやすくキャッチーな「ミニスカ右翼」でいいと。「ゴスロリ」をやったのも、のちに詳しくお話しますがセクハラ対策的なところもありましたけど、実は覚えやすいとか。何か記号としてキャラ立ちをさせなければ、自分のような取るに足らない存在は記憶にも残らない、なんらかの才能があるわけでもないし、みたいな思いがありました。

でも、たぶん今はもっと露骨に、いろんな人が「キャラ立ち」のためにいろいろやっていますよね。というか、自己プロデュースが普通のことになっている。地下アイドルとか、ネットで有名になりたい人たちだとか。私が『生き地獄天国』を出した二〇〇〇年ころは、ネットの自己プロデュースが流行りだした時期というか、素人がそういうことをやりはじめた時期だと思うんです。自分の周りにも、そういう人たちがたくさんいました。素人が自己プロデュースでいかにのし上がっていくかみたいな感じがあったんです。その中で、「ミニスカ右翼」は、ある意味、すごく引きがよかった。ただ、私はネットでの活動は当時していませんが。

――そういうポジションが心地よかった？

**雨宮**　というか、とにかく**何者かにならないと死ぬ**、と必死でした。一生「いじめ」を引きずって、一生フリーターで貧乏なままで、右翼をやっているのはきついっていうのがありました。とにかく何かになりたい、何らかの表現者になりたいと思っていましたね。

## 死に向かう「自己プロデュース」

『生き地獄天国』（ちくま文庫）

――今は、表現者になりたい人が増えていますよね。たぶんネットで敷居が低くなったからだろうと思います。そういう現状を見て、どう思われますか。

**雨宮**　自己顕示欲のあり方というか、そこにある、ある種の痛々しさは、まったく変わっていないと思います。私は自分で「ミニスカ右翼」というキャラになったから、生き延びられたと思っています。

なぜかというと、右翼になる前の私には、リストカットやオーバードーズ（薬を過剰摂取すること）しかなかった。当時の私と同じような傾向を持つ人は、自分を自己プロデュースして売りを考えるときに、そういういわゆる「メンヘラ」（生きづらさや精神的な疾患を抱える人の総称）的なものしかないので、そのキャラでネットにデビューしてしまう傾向がありました。二〇〇〇年前後の話です。私はもっとも病んでいるときにまだネットがなかったのですが、少し後の「病んでる」系の子はちょうど一般化しはじめたネットで日記を書いたりして、自分の気持ちを吐き出していました。そしてそれがキャラになっていくんですが、「病んでる」系のキャラの要注意なところは、病んでいることをどんどんエスカレートさせないと誰も注目してくれないということです。今だったら、「それ危ないからやめなよ」って絶対言うと思うんですが、当時はネットが出てきはじめた頃で、危険性なんか全然わからない。

そんな中で、リストカットをたまにしかしなかった人が毎日やるようになったり、どんどん激しくなって、その傷口を写真に撮り、すぐネットにアップして、というふうになる。「キャラ」として「売れるもの」がほかにない人は、ある意味で売りにできるのが自分の不幸と、病んでいる自分だけしかない、という感覚です。そしてそれを見た人がもっと深く手首を切ったりして、「病んでる」競争が加速していく。もちろん、「大丈夫？」と心配してくれる人もいて、それも大きな承認やコミュニケーションにつながるわけですよね。

リストカットだけじゃなくてオーバードーズでも、薬のワンシート全部飲んだって誰かがアップしたりすると、他の人が二枚分飲んだとか、それ以上だとか、どんどん量が増えていく。そんな中で、自殺なのか事故なのかわからない形で実際に人が死んでいく。私が『生き地獄天国』を書いていた二〇〇〇年前後には、そういう人たちが周りに多くいました。だから、そういうキャラで自分を売り出したら、もう死んで「伝説になる」しかないというか。

当時、「南条あや」というネットアイドルがいました。いじめや不登校を経験し、中1からリストカットをしていた彼女は高校三年生の頃、女子高生としての日々と、リストカットやオーバードーズなどを明るくつづった日記をネットで公開し始めます。それが大人気となり、ネットアイドルとして有名になりました。結局、卒業式の二十日後にカラオケボックスでオーバードーズして、自殺か事故かわからないような形で十八歳で亡くなりました。そのことが多くの人に衝撃をあたえたんです。リアルタイムで苦しみを綴り、「卒業式まで死なない」と言っていたネットアイドルの少女が、本当に死んでしまった。当時のネットの世界で同じような生きづらさを持つ人たちに与えた影響は、あまりにも大きかった。

その彼女の日記が『卒業式まで死にません』（現・新潮文庫）という本になって死後、出版されたんです。ネットで苦しみを晒して多くの人から共感を得て、女子高生ブームの中で女子高生じゃなくなるタイミングで若くして亡くなって、彼女の日記は永遠に読み継がれる。まるで生きづらい人の神様みたいな存在になったんです。「南条あやになりたい」って言葉を、〇〇年代前半、女の子たちからたくさん聞きました。

最近も、二十代の女性から、初めて南条あやの存在を知って気になって仕方ないという話を聞きました。南条あやが亡くなった時にはいま二十代の人はまだ子どもだった。でも、彼女にすごく共感すると言うんです。居場所のなさだったり、漠然と死にたい、生きてちゃいけないって感覚だったり。**生きづらさの質は、おそらくこの二十年間、それほど変わっていない**のかもしれません。特に今の、自分や日常を晒すような一部ＹｏｕＴｕｂｅｒなんかを見ると、あの頃と同じ危うさを感じることもあります。

## 辛さを増す「自己プロデュース」の空間

――雨宮さんが、抜き差しならぬその「生きづらさ」と闘ってきた、具体的な方法について語っていただけますか。

**雨宮**　結局、何らかの生きづらさを抱えて、何か表現したい、じゃあキャラ立ちさせなきゃって考える人たちが、リストカットなどの「死」に近い記号しかない中で生きづらさをよりこじらせていくのを見ていたからこそ、私は右翼に行った面もあったのかなとも思います。不幸やトラウマでのキャラ立ちだと、死ぬだろうなという予感があった。それで「右翼」プラス「ミニスカ」で「ミニスカ右翼」、それを記号にしたから生きる方向にいけたのかもしれません。あと、右翼になると、自分ではなくアメリカとか自民党を責めるようになった（笑）。生きづらいのは一〇〇%自分が悪いのではないと、やっと外部に目が向いたんですね。

右翼になる前、「自殺未遂イベント」なんかをやっていた時期があったので、一時期は自殺未遂をするキャラとして生きていたこともありました。

それが途中で右翼に入ったら、「キャラ変」というか、生きる方向にシフトできた。ですから、振り返ると、九〇年代の後半ぐらいから自分のキャラを自分で決めて、プロデュースしていって、プレゼンをし、その競争に勝ち抜いて、自分は価値があるということを証明するみたいな生き方が一般化したように思います。ネットがそれをさらに加速させた。そうやって承認欲求を満たさないと生きていけないという渇望感は私の中にも強烈にありました。

別に就活をしているわけじゃないですけど、ただ生きているだけでも、場合によっては就活より高度なことをやらないと生き残れないというような、そういう空気が当時から高まっていた。それ以前の人たちは、たぶん自己プロデュースなんかしなくてもそれほど自罰的にならずに生きられたと思うんですけど。その自然体というか、ナチュラルに自己肯定感がある感じが本当にわからない。特に団塊世代とか見ていると、「自分が生きていることが迷惑なのでは」と、若い時から思っていないっぽい健康さに、本当に驚きます。

今は、とくに若い人がそうですが、少なくない人がSNSでメインと裏のアカウントを持ち、それぞれでキャラを使い分け、裏アカウントでは、メインでは言えないような弱音を吐いたりと使い分けていますよね。アカウントがいくつもあって、それに「いいね」で承認されたり、フォロワーの数とかによって、いろんな人格を使い分けながら、承認欲求を満たして生きている。その手の振る舞いが「自己プロデュース」と意識するまでもなく当たり前になっています。そういうことのハシリが、ちょうど九〇年代後半ぐらいだったんだと思います。

ですが**今は、「存在する」「存在してもいい」という条件とハードルが、九〇年代よりもずっと高くなっています**。特にここ最近は自分は何系の何クラスタでとか、何系の人間であると自分の立ち位置を決めておかなきゃ生きていられないというか。それ以外にも階級とか、スクールカーストだとか、今の自分はこの辺だみたいに、全部をちゃんと認識していないと友達もできない。キャラが何系とかがわからない得体の知れない人とは、誰も友達にならないみたいな。わからないと気持ちが悪いから。

## 若者のキャラクターの重層化

**雨宮**　なので、私はわかりやすくして、サブカル女ですみたいなことを九〇年代から言っていました。右翼に入る前ですね。そうなるとサブカル好きな人、たとえば当時だと安室奈美恵とか小室ファミリーみたいなスターを忌み嫌ってバカにするっていうスタンスの人としか仲良くならないし、「リア充」（現実の生活が充実している人）系の人とはいっさい交流もしない、言葉も通じないという感じです。その状況は、今はもっと激しくなっていますね。

——年配の私たちがわからないのは、そのカテゴリーです。カテゴリーがいっぱいあることすら知らない。だいたいどれぐらいのカーストがあって、どれぐらい細かくなっているのか。十八歳ぐらいの男女は、押しなべてどこかのクラスタに属しているわけですか。

**雨宮**　自分のことを紹介する時に、私の世代でもそうだし、今の若い人もそうですけど、「リア充」の人は自分のことを「リア充」とは言わないですよね。一方でスクールカーストが低めだった人が、自分を「非リア」と言ったり、「キモオタ系」と言ったり、「非モテ」と言ったりする。でも、高めの人は、そういった言葉があることさえ、知らないかもしれない。

――カーストやクラスタの存在を知らない人もいるわけですね。

**雨宮**　上の人は、意識しないんじゃないですか。階級が上の人が階級を意識しないのと同じような感じで、カーストを意識しないし考える必要もない。下のほうの人は、自分をわきまえて振る舞わないといけないから、キモオタならキモオタらしくしようってことで、人に言われる前に自分で言ったほうが、安全というか、傷つかない。わかりやすいし。

――オタクカルチャーが始まったあたりから、それはありますよね。オタクたちは、自分の所属を言いますものね。一覧表があればわかりやすいと思うけど。

**雨宮**　私もそんなに詳しくないです。今の階級とかカーストを研究している人に作ってもらわないと。

――一人の人間が属性として複数のキャラクターを持っているわけですよね。

**雨宮**　**ツイッターでも、病んでいる時に病みツイートだけするアカウントとかありますよね。**

――ハイカルチャー寄りの小説家でも、たとえば平野啓一郎さんなどは、「個人」を細分化して「分人」という提案をしています。そういうふうに、今では適宜自分を切り分けることが、「リア充」の人はともかくとして、一般的になってきています。意識しなくても違う人格を演じることは昔からあるわけで、上役に対する時と呑み屋でお姉ちゃんに向かい合う時とでは、違う人格になるのがむしろ普通です。それと同じことだと考えれば、もう「人格」や「人格者」なんて言葉にかかわっている時代じゃないのかもしれないですね。雨宮さんもこのキャラクターの行き着く先には自殺しか残っていないと感じたから「ミニスカ右翼」にジャンプしたわけで、それがあったから、ある意味自由にもなれた。会社などの組織で、今もってありもしない「人格」の囚われ人になっている一方で、こっそり地を這うようなセクハラなどもしている今のおじさんたちには、跳べと言ってもなかなか伝わらないかもしれないけれども。

## 「自分失くし」と洗脳願望

**雨宮**　私の場合は、死にたいだけのキャラから飛躍するには右翼とか極端な道に行くしかないという感じでしたけど、普通は右翼に入ること自体、いろいろ抵抗があってなかなかできないですよね。まあ、私の場合は自分の生き死にさえどうでもよかったっていうか、どこか自傷行為みたいな感じで右翼に入ったところがありました。自分が生きづらい理由を社会の中に見つけたいとか、もっときちんと知りたいという思いはもちろんありましたけど。

とにかくどうせ自殺するだろうから、別に右翼に入ろうが、北朝鮮に行こうがイラクに行こうが、そこが命の危険があるところであろうがなかろうが、どうでもいいと思っていたんです。そういうふうに自分を損じるというか、大切にしない自暴自棄の状態だった。でも自暴自棄でもないと、二十代前半の女が右翼に入ろうとは、なかなか思わないですよね（笑）。

それもあって入ったのが一つと、もう一つは、右翼に入る一年ちょっと前くらいにオウム事件があって、語弊がありますが、洗脳されている人たちが本当に羨ましかったということがあります。自分は「いじめ」がどうとかくだらないことを引きずって悩んでいるけど、オウムの人たちみたいに一〇〇パーセントの洗脳を受けて、自分の悩みから脱却したいみたいな。

とにかく洗脳されて激しく完全燃焼したいと思っていた。でもオウムは、サリン事件の後で解体していた。

その時の日本で、一番やばい団体、一番危ない、一番激しい洗脳をしてくれそうな団体はどこか。右翼に行けば完全燃焼ができそうな気がした。宗教団体はオウム事件があったから今は違うだろうと思ったし、オウム事件の後に他の宗教に行くのも違うし、どうせ洗脳されるなら、もっととんでもないところがいいと思ったし、**「自分探し」の逆で、「自分失くし」**というか、そういう思いがありました。

## マウンティングから逃げていたら、左翼と右翼がいた

――映像に残っている当時の雨宮さんを見ると、たとえばアジテーションをする機会があるじゃないですか、お前らそんな生き方でいいのかみたいな。そこには熱中度は高いけれども、同時に冷めて見ている雨宮さんもいたような気がします。

**雨宮**　まあ、そうですね。

――本気なんだけど、どこか本気でもないぞっていうか。

**雨宮**　アジ演説はどこまで自分が弾けられるか、演じきれるかという感じでした。
ともかく洗脳されたくて入ったんですが、その日の夜に、アジ演説の映像を見て自分達で大笑いするということが、普通にありました。

――その熱中の仕方は、かつての全共闘の人たちのアジテーションとは違いますね。

**雨宮**　全共闘の人たちがどこまで本気だったのかはわかりませんが、おそらくまったく違うと思います。

――忘我のような集中ではなくて、別の冷めた自分がいて、演説する自分をじっと上から眺めてるような……。

**雨宮**　それはありました。

――だから街頭で熱い演説をしていながら、同時に通行人たちの冷たい視線とか、どんな感じで

いるかってことも見えてるわけですよね。冷めた熱血漢というと変ですが、そういう人は活動家には少ないのではないですか。たとえば、自分とよく似た人はいましたか。

**雨宮**　うーん、でも、熱中したいけどできないのはみんなそうだったかも。少なくとも右翼で活動家をしてた時は、みんなどこかで自分を俯瞰して笑う感じはあったと思います。

――生きづらさを感じる人たちの中には、人と付き合うのが苦手という人がたくさんいらっしゃいますよね。雨宮さんはどうだったのですか。めんどうな人がたくさんいたと思うけれども。

**雨宮**　もともと人づき合いは苦手で、これはいじめに遭った人の特徴だと思いますけど、同世代の人は基本、無理なんです。それも特に女性が無理。二十代前半まではもう本当に無理でした。

同世代の女性と関わるのがなぜ嫌なのかというと、同世代の女性ってマウンティング（哺乳類の雄が交尾の際にとる、ほかのものに馬乗りになる姿勢から来た言葉。人が自分の優位性を誇示するための言動や行動のことで、マウンティング女子は常に自分が相手より上だとアピールしてくる）してくるわけです。ちょっとの差で自分のほうが幸せだ、上だっていうようなコミュニケーションが、世代が近かったり同性の場合は起こりやすいので、それがめんどくさいと思って。

それで、そういうこととは違う世界にいる人、自分が興味のある昔の学生運動とか、政治や社会に関することとか、なんか大きそうなことやってる人と会うのが楽しかった。

私を右翼団体に紹介したのは、二〇〇五年に飛び降り自殺した作家の見沢知廉さんでした。彼は私の師匠ですが、左翼から右翼に転向した果てに「スパイ粛清事件」を起こして殺人罪などで十二年の獄中生活を送り、獄中で文学賞を受賞して作家となった人です。もともと私はファンでしたが、見沢さんの本を読んで、「ロフトプラスワン」（東京・新宿にあるトークライブハウス。阿佐ヶ谷、渋谷、大阪のミナミなどにも姉妹店がある）のイベントとかに行っていたわけです。他にロフトプラスワンのイベントに行って出会った人には元赤軍派議長の塩見孝也さんなんかがいます。新右翼の鈴木邦男さん（政治活動家、新右翼団体「一水会」元最高顧問）と出会ったのはロフトプラスワンではありませんが、似たようなサブカルイベントでした。そういう人たちと会うと、自分の悩みってなんてしょぼいんだろうと思えた。塩見さんなんか個人で破防法を適用されて獄中二十年とかですからね。接していると、当然私のような小娘にマウンティングはないし、話していることのスケールが大きすぎる。塩見さんはいつも、「世界同時革命」しか言わないし、見沢さんにしても、しょぼい日常の話なんて聞いたことなくて、いつも「維新」とか「革命」とか、そんなことばかり言っている。そんな人たちと接しているとストレスがまったくなかったんです。なので、同世代の女性から逃げているうちに、なぜか全共闘とか右翼とかそっちのほうに行っちゃって、そうやって**マウンティングの対象になることを避けていたら、今の状況になったという感じ**です（笑）。

――同世代の人たちは、今でも苦手ですか。

**雨宮**　今は、そうでもないです。今の私に寄ってくる人で、マウンティングをしてくる人はもういません。二十歳くらいのコミュニティからはもう圏外に出ましたし、今の私のようなことをしていたら、誰もマウンティングのしようがないですよね。そもそも誰も私とは競いたくないし、勝ちたくもないでしょうから（笑）。

## 三人のおっさん

――塩見孝也さんとのつき合いを書いた、わりと最近のネット連載「マガジン9」の二つの文章がありますね。

**雨宮**　ええ。清瀬の市会議員選挙に出たときと、亡くなった時ですね。
せっかくなので、ふたつの原稿を紹介しておきます。これからの話の前に読んでいただくと、塩見さんという人がどんな人が非常にわかると思うので。

・・・・・・・・・・・・・・・・・・・・・・・・・・・・・・・・・・

二〇一五年四月二十九日
マガジン9　「雨宮処凛がゆく！」第三三四回
『獄中二十年』の選挙戦。の巻
「獄中20年の確かな実績、塩見孝也です！」「赤軍派もいる明るい清瀬！」「元赤軍派議長、今は駐車場管理人、塩見孝也をよろしくお願いします！」
15年4月25日、統一地方選最終日、東京都・清瀬の街をそんな言葉とともに練り歩く一団がいた。

彼らが掲げる大きな幟には「獄中二十年」の文字。「赤軍」と書かれた旗を持つ人もいる。十数人ほどの一団の中にいるのはマガジン9でもおなじみ・鈴木邦男氏、ロフトプラスワンの平野悠氏、老若男女の塩見支援者、そして、私。一団の先頭ではなく後方を「足がつった」とのろのろ歩くのは、このたび清瀬市議選に立候補した塩見孝也氏だ。

塩見孝也氏とは、1960～70年代、革命を目指し、武装蜂起を主張した赤軍派の元議長。70年、ハイジャックの共謀や爆発物取締法、破壊活動防止法違反などで逮捕され、獄中20年。89年に出所した。

そんな塩見さんとの出会いは今から約20年近く前。ロフトプラスワンに、「元赤軍派議長が語る！」的なイベントを見に行ったことがきっかけだった。もともと、60～70年代の「政治の季節」には並々ならぬ興味・関心があった。というより、一言で言うと羨ましかった。若者が政治のことに怒り、デモとかしまくって火炎瓶を投げていた時代。翻って90年代に「若者」だった私は、半径5メートルの世界の中で、「消費活動」や「恋愛」や「合コン」にうまく乗れない人々がなんとなく馬鹿にされ、社会や政治のことなど語ろうものなら「おかしな人」扱いされるという空気の中、生きづらさを極めていた。その自分の生きづらさが、社会と何か関係があるのではないか。政治の季節に思い切り暴れていた「元若者」の話を聞けば、何かヒントが得られるのではないか。そうして訪れたイベントで、塩見さんは初対面の私をいきなり北朝鮮に誘った。

そうして、よくわからないまま知り合ったばかりの塩見さん、他の若者数名と初めての海外旅行でピョンヤンに飛び立ったのが24歳の冬。北朝鮮には私と同世代のよど号グループの子どもたちがたくさんいて、彼女たちと仲良くなった私は合計5回北朝鮮に通うことになり、それが原因でガサ入れを受ける羽目になるのだが、当時はそんなことなど露知らず。

また、2003年のイラク戦争直前には、塩見さん、鈴木邦男さん、そして平野悠さんたちと数十名で外務省から出ている「邦人避難勧告」を振り切ってイラク・バグダッドへ。開戦一カ月前のイラクで「ここに爆弾を落とすな」と反戦デモなどをすると警察が応援してくれた上、パトカーのマイクなどを貸してくれたのもいい思い出だ。ちなみに塩見さんはイラクで、撮影禁止の場所を撮影したとかで数時間秘密警察に拘束されたという、これまたどうでもいいエピソードがある。

こんなふうに、この20年近く、私は塩見・鈴木・平野というオッサンたちと何かあるたびにつるみ、遊んできた、というか活動をしてきたのである。で、この3人は私が物書きになる前のフリーター時代、ロフトプラスワンや各種右翼、左翼、サブカル系イベントにただの客として出入りしていた時から私のことを知っていたという経緯があるため、未だにいろいろと頼まれると断れない相手でもあるのだ。

ということで、そんな塩見さんが清瀬の市議会議員選挙に立候補しようと思っている、と本人から聞いたのは数カ月前。思わず言葉を失ったものの、ここ数年の塩見さんの「変化」に感銘を受けていた私は、選挙戦に駆けつけることを約束した。

「変化」とは何か。例えば出会った頃の塩見さんは、とにかくなんでもかんでも資本主義のせいにし、二言目には「世界同時革命」と叫ぶという、非常に珍しい人だった。そうして常に「労働者が」「人民が」などと演説するのだが、なんというか、難しい言葉が空転しているような印象だったのだ。

そんな塩見さんは数年前にシルバー人材センターに登録。地元・清瀬のショッピングセンターで駐車場管理人を始めたところから大きく変わり始めた。大文字の「労働者諸君」ではなく、自身の労働経験からいろいろと矛盾を感じ、発信するようになったのだ。この数年間、幾度か塩見さんから「労働相談」的なものを受け、時には労働組合の事務所で話し合いをしたりもした。ちなみにシルバー人材センターの労働には労働基準法が適用されないなど様々な問題があるのだが、そういったことなどについても、現場目線からいろいろなことを私に教えてくれたのである。

そんなふうに「シルバー人材センター労働運動を！」的な話になると、「これをきっかけに最終的には世界同時革命を！」なんて言い出すこともあったけれど、「革命家」・塩見孝也は70代にしてやっと「地に足がついた」活動家となったのである。この辺りの話は塩見さんの著書『革命バカ一代』（鹿砦社、二〇一四年）に詳しいので興味のある方はぜひ。

ということで、統一地方選最終日、私は清瀬に駆けつけた。73歳、元赤軍派議長・駐車場管理人の塩見氏の周りには、多くの支援者がいた。

マイクを渡されて、私は話した。

なぜ、塩見氏を応援しようと思ったのか。それは「現在暴走を続ける安倍政権、そして地方議会でも多数を占める与党の好き放題を止めるには、塩見さんレベルの飛び道具しかいないのではないか」と思ったからだ。なんといっても、日本で初めて、個人で破壊活動防止法を適用された人である。その上、権力に楯突き続けて50年以上。20年の獄中生活を非転向で過ごしたという「超頑固者」だ。「言うことときかない」「黙ってない」系の元祖みたいなものである。もはや存在自体が嫌がらせ。こういう人が市議会にいれば、いろいろと風通しもよくなるのではないか。

清瀬の街頭でそんなことを話させていただき、そして夜は商店街を「獄中二十年」の旗のもと、みんなで練り歩いた。

そうしてすべてを終えた20時、近所のスーパーで発泡酒やお惣菜を買い込み、みんなで安酒で乾杯した。途中、「これが学生運動名物・内ゲバか?」と身構えるような喧嘩が勃発したりもしたけれど、「これでこそ塩見さんの選挙だ」ということになり、なんとなく収まったのだった。

そうして、翌日の投開票日。塩見さんは319票を獲得したものの、落選となった。「市会議員・塩見孝也」誕生とはならなかったが、73歳のチャレンジは、今後きっと大きな波紋を広げていくはずだ。

今回、改めて思ったけれど、塩見さんの周りにはいつも、生きづらさを抱えた人々が多くいる。この20年近くずっとだ。本人はまったく意識していないけれど、そういった人々を、何か救い、癒す力があるのだ。本人は「革命」を目指しているのに、癒し系。

そんな塩見さんに、今後も注目していきたいと思っている。

**雨宮**　そんな選挙から二年後、塩見さんが亡くなった時の原稿が以下です。

・・・・・・・・・・・・・・・・・・・・・・・・・・・・・・・

二〇一七年十一月二十九日

マガジン9　「雨宮処凛がゆく！」第四三一回

革命バカ一代、塩見孝也、死す。の巻

塩見さんが死んだ。

塩見孝也。1960～70年代、革命を目指し、武装蜂起を主張した赤軍派の元議長。70年、ハイジャックの共謀や爆発物取締法、破壊活動防止法違反などで逮捕。獄中20年。89年、出所。晩年はシルバー人材センターの紹介で東京・清瀬のショッピングセンターで駐車場管理人をしていた。享年76。11月14日、心不全のために亡くなった。

塩見さんとの付き合いは、もう20年にもなる。

出会いのきっかけは、私が23歳の頃、ロフトプラスワンに「元赤軍派議長が語る！」的なイベントを見に行ったことだった。なぜわざわざそんなイベントに行ったかというと、当時の私は生きづらさをこじらせていて、近い過去に政治とかに怒って火炎瓶とか投げまくってた「政治の季節」に多大な関心があったからである。

翻って、自分の周りを見ると、半径5メートルの世界で消費活動だけしてろ、という空気の中、政治や社会に関心を持とうものなら「ヤバい奴」扱いされるという圧力に満ちていて、なんだかとっても息苦しかった。そうして自分自身はと言えば、リストカットをしては生きづらさを誤魔化すという、これまたショボいことばかりしていて、そんな自分が大嫌いだった。

私が生まれる前、「国家」とかと命懸けで闘ってた人の話を聞いたら、何か生きるヒントが得られるのでは。そうして訪れたイベントで、塩見さんは初対面の私を突然北朝鮮に誘ったのだった。なんでも、北朝鮮には70年に飛行機をハイジャックして平壌へ飛び立った「よど号グループ」なる赤軍派の同志がいるということだった。元赤軍派議長に、国際指名手配犯に会うための北朝鮮旅行に誘われる。こんなブッ飛んだ誘い、ＯＫするしかないだろう。「行きます！」。何も考えずに、私は即答していた。

そして99年、私は生まれて初めての海外旅行で北朝鮮に飛び立った。

塩見さんも含めた数人で成田空港から北京に飛び、北京の朝鮮領事部で手続きをし、翌日、平壌へ。なぜか北京で花を買って、北朝鮮に着いたら真っ先に金日成の銅像に献花をし、よど号グループの招待所で、自分の父親と同世代のよど号グループと会った。

その招待所で寝泊まりしながら連日、「金日成の生家」や「人民大学習堂」や「革命博物館」など、思想教育のような観光日程をこなした。「食糧難」や「餓死」が報じられていたのに北朝鮮で出される料理はどれも豪華で、案内役としてずっとついている朝鮮労働党の人には「日本は資本主義で、金に追われてばかりの生活で可哀想」と同情されたりして、連日、脳の許容量を越えることばかりが起きた。観光で行った幼稚園では園児がなぜかみんなフルメイクで「主席を讃える歌」を完璧に歌い踊り、あまりにも頭がクラクラしたことからその辺りで思考を停止した。

よど号グループには私と同世代の子どもがたくさんいて、彼女たちと仲良くなった私は、合計5回、北朝鮮に通うことになる。そうしてよど号の子どもたち三人が日本に「帰国」する際には平壌まで迎えに行き、しばらく私の家に滞在していたりもした。そのようなことが原因で02年にはガサ入れが入ったりしたのだが、私は塩見さんが北朝鮮に誘ってくれたことに、今でも深く感謝している。ただのフリーターで、この先どうやって生きていくかさっぱりわからなかった私に初めて「世界」を見せてくれた人だからだ。

初の北朝鮮行きから半年後、私は2度目の海外旅行でイラクに行くのだが（今度は一水会の木村三浩氏に誘われて）、北朝鮮行きがなければ、決してイラクに行こうなんて思わなかったはずだ。日本という島国から、まったく価値観の違う国に行ったことは、私のその後の人生に大きな影響を与えた。それからいろいろな国に行き、価値観の違う人たちと話すことが大好きになった背景には、間違いなくこの経験がある。

そんな塩見さんとは03年、共にイラク・バグダッドを訪れた。私にとっては2度目のイラク。時はイラク戦争一ヶ月前で、外務省から出ている「邦人避難勧告」を振り切り、数十人でオランダを経由してヨルダンから陸路でバグダッド入り。開戦一ヶ月前のイラクで「ここに爆弾を落とすな」と反戦デモをし、多くのイラク人と交流した。そんなイラクで、塩見さんが「日本の赤軍派議長」であることを告げると、日本赤軍の岡本公三人気が異様に高い中東ではやたらと感激されたことも覚えている。

だけど、私はそんな塩見さんと一緒の飛行機に乗ることがちょっと怖かった。「撃ち落とされるのではないか」という不安があったからだ。実際、日本のレッドアーミーの塩見孝也がイラク入りするということで、イスラエルのモサドが動いてるとか動いてないとか、そんな嘘かほんとかわからない話もあった。

塩見さんとの付き合いはこの20年間ずっと続いていたのだが、特に06年から、私が反貧困運動を始めたことには大変喜んでくれた。60年代からなんでもかんでも資本主義のせいにしてきた塩見さんにとって、私が労働・貧困問題に「目覚めた」ことは自分の影響だと思ったのかもしれない。以後、塩見さんは「共に闘おう、そのためにまず打ち合わせをしよう」という電話やメールを頻繁にしてくるようになった。

が、ちょうどネットカフェ難民などの「若者の貧困」が注目された当時、「元赤軍派議長と一緒に反貧困運動をする」ことは、リスクでしかないことは明白だった。しかも、私たちが求めているのは、一言で言うと「生きさせろ」ということ。が、塩見さんは明らかに「世界同時革命」を求めていて、労働・貧困運動はその「手段」でしかないことは話していて明白だった。

「うーん、ちょっと、こっちは世界同時革命じゃないんですよねぇ……」

渋々そう口にすると、塩見さんはいつも心の底から驚いたように「なんでだ！」と叫んだ。

「世界同時革命が目的でないことを説明する」ことに、どれほどの時間を費やしただろう。

そんなこともあって、塩見さんの「会おう」という誘いをのらりくらりと断り続けていると、ある日、「怒りのメール」が届いた。

そこには、「お前は左翼でもなんでもない」「だいたいマルクスも読んでいないのに左翼とは何事だ」などという言葉が書かれていた。おそらく、塩見さんにとっては最大限の罵倒だったのだろう。しかし、こっちにとっては痛くも痒くもないのだった。が、この時、私は心の中で決意した。絶対に、自分のことを「左翼」などと名乗らないでおこう、と。

一時期右翼だった私が貧困問題に取り組み始めたことで、当時、やたらと「左傾化した」「左翼になった」と言われていた。とりあえず便利なので使っていたその言葉だったが、左翼に「なる」にはマルクスを読破するなどの「資格」が必要なようなのである。そんな七面倒くさいものならこっちから願い下げだ。その点、右翼はある意味寛容だった。「日本が好き」とか、そんなゆるふわな感じで今すぐなれるし必読図書もない。

このように、塩見さんには面倒くさいところがあり、私は時々ちょっとうんざりしていた。が、そんな塩見さんに大きな転機が訪れたのはその直後のことだ。シルバー人材センターの紹介で、清瀬のショッピングセンターの駐車場管理人となったのだ。60代半ばにして、「労働者」になったのである。思えば、それまでの塩見さんは「労働者が」「人民が」と言いながらも、この国の労働の実態を、ほとんどわかっていなかったように思う。しかし、自らが時給制で働き始めたことによって、明らかに変わった。大文字の、頭の中で考えた「労働者諸君」ではなく、自身の労働経験から矛盾を感じたことを発信するようになったのだ。

そんな塩見さんに労働相談を受け、組合を紹介したこともある。一時期は本気で「シルバー人材センターユニオン」の結成を考えていたし、それは私も熱烈に応援した。が、そんな打ち合わせの席でも塩見さんが口にするのは「シルバー人材センターの労働運動を盛り上げて、最終的には世界同時革命を！」という言葉。この人、全然懲りてないな……。21世紀になっても本気で「革命」を目指すその姿に驚きつつも、塩見さんは前に比べればずっと「地に足のついた」活動家になっていた。

塩見さんとの最後の「祭り」は、清瀬の市議会選挙。15年、なんと無所属で市議に立候補したのだ。選挙最終日、応援に呼ばれたので駆けつけると「獄中二十年」「赤軍」と書かれた旗や大きな幟があり、それを見た瞬間、「落選」を確信した。が、みんなで「赤軍」の旗を先頭に、街を練り歩き、叫んだ。

「獄中20年の確かな実績、塩見孝也です！」「赤軍派もいる明るい清瀬！」「清瀬から世界同時革命を！」「元赤軍派議長、今は駐車場管理人、塩見孝也をよろしくお願いします！」

もちろん、選挙は落選した。

塩見さんとの思い出は数えきれないほどあるけれど、印象深いのは、晩年の塩見さんの周りには、いつも「生きづらさ」を抱えた若者たちがいたことだ。2010年、突然「生前葬をやる」と言い出し、本当に開催した際には、長年ひきこもりだった若者が、塩見さんを歌った「オレは駐車場管理人」という自作のラップを作って披露。それ以外にも、不登校だったり、リストカットの経験があったりという若者がいつも塩見さんの周りには集まっていた。

なぜ、「世界同時革命」とか言ってる元赤軍派議長の周りに若者たちが嬉々として集まっていたのか。もともとは私自身もその一人だったわけだが、それは「塩見さんの近くにいると、自分の悩みがどうでもよくなる」という作用があったからだ。

獄中20年で、個人で破防法適用とかされて、いまだに「世界同時革命」とか口にする塩見さん。その存在は、私の中に根深くあった「ちゃんと生きなければならない」という気持ちを一瞬で霧散させるものだった。なんだ、こんなメチャクチャな生き方してもいいんだ。一生「革命」とか、中2病みたいな感じで生きてていいんだ、と。

しかも塩見さんは、何かあればすぐになんでもかんでも資本主義のせいにする。そのことは、生きづらい若者たちにとって大きな「免責」を与えてくれた。他の大人たちは、勇気を出して悩みを相談したところで、みんな「自己責任」とか「お前の努力が足りないんだ」とかそんなことばかり言うけれど、塩見さんはどんな状況の若者に出会おうとも、「それは資本主義のせいだ！」と断言していた。元赤軍派議長に、お前の生きづらさの原因は資本主義だとお墨付きをもらう。これほど強烈な「癒し」を、私は他に知らない。

が、常々、私は心のどこかで「塩見さんが自分のお父さんじゃなくてよかった」と思っていた。ちょうど親子世代で、塩見さんには私と同世代の息子がいることは知っていた。会ったこともないその息子に、勝手にずっと同情していた。だって、自分の父親が常に全力で反抗期だったら、どういう方向性で生きていこうか、いろいろと悩むはずだ。

そんな塩見さんと遊びまくってきたこの20年間で、覚えているのは北朝鮮に行く途中の北京での食事の席のことだ。出てきた「アヒルの舌のスープ」は、強烈な悪臭を放ち、アヒルの舌が数百個浮いている見た目もグロすぎた上、一口啜ると「おじいさんの唾液を煮詰めた」ような味がした。全身が震えるほどマズく、その場にいた誰もがまったく箸をつけられなかったそれを、塩見さんは「そんなに不味いかー？　イケるぞ」と言いながら平気な顔で食べていたのだ。聞けば、母親が料理があまり上手くなかったとのことで、刑務所の食事も全然平気だったという。そういう人だからこそ、獄中20年を生き抜くことができたのだろう。

ああ、それにしても、本当に好き勝手に生きた人だった。しかも、たったひとつの理想を、死ぬまで追い求め続けていた。そして本人の意図とはまったく別のところで、多くの生きづらい若者を確実に救っていた。

そんな塩見さんにもう会えないことが、やっぱりすごく、寂しい。

――これを読むと、「それまでの（駐車場の一管理人として働く前の）塩見さんは「労働者が」「人民が」と言いながら、この国の労働の実態をほとんどわかっていなかったように思う」とか、塩見さんに対する批判が相当厳しい。でも、当たっていることを一言で言い当てながら、一方ではあの人の人となりというか、塩見孝也という男はこのように存在したという、一人の困ったおっさんの切ない孤独と存在感が滲み出てくるような書き方もしていらっしゃる。あれは、塩見さんを含めてそういう目で人を見ることがない人には書けない文章だと思うんです。それがあるから読めるし、いろんな人が寄ってくる文章になっている。あの視線が見つけ出すものは、ただ目的を一緒にしている活動家を見る目とは、もう一つ違いますよね。

**雨宮**　そうですね。十代で「いじめ」があって、塩見さんや鈴木邦男さん、平野悠さんと会ったのは二十代の前半だったんですけど、おっさんたちの何がよかったというと、塩見さんは二十一世紀の日本でもずーっと世界同時革命とか大真面目で言っていたし、鈴木さんにしても右翼なのにやたらいい人すぎて、ただのダメなおじさんみたいな感じだった（笑）。

同世代の女性とつきあうと、このバッグはいくらしたとか、それこそ些細な誤差でマウンティングしてくる人が多いわけですけれど、あの人たちは「世界同時革命」とか「反米愛国」とかそういう話題で、あまりにもスケールが大きすぎて、とにかくワクワクして面白かった。

でも、ただ面白いだけではなくて、一方では二〇〇三年にイラク戦争が始まる直前、イラク戦争を止めたいからみんなで一緒にバグダッドに戦争を止めに行こうみたいな、そんな感じでイラクに行ったりしたわけで、目指す大枠は一緒。しかもそういう時、一水会はイラクのバース党と繋がりがあるので、ホテル代をすべてフセイン大統領が持ってくれたりするわけです。もう意味わかんないですよね。あと、塩見さんの場合、「日本の赤軍派議長がイラクに行く」ってことでモサドが動くんじゃないかとか、一緒に飛行機に乗ったら撃ち落とされるんじゃないかとかそんな話になる。あるいは日本赤軍の重信房子と中東で会う予定なんじゃないかと勘ぐられたり。塩見さんはそもそも赤軍派時代に個人で破防法を適用されてますからね。そういう人たちの話は、自分の周りにある、あのバッグは値段が張るけれど欲しいから風俗で働くとか、あるいは死にたいけど死ねないからリストカットやオーバードーズをしながらなんとか生きる、みたいな出口がなかなかない話とは全然レベルが違うので、面白かった。面白いっていうのは変かもしれないけど、突き抜けてるおっさんたちはとにかく一緒にいると次々といろんな事件が起きて退屈してる暇がなくなった。気がつけば、手首切る暇もなくなるみたいな（笑）。

——イラクに行ったときの写真に浴衣姿のものがありますね。ああいうアイドル風の自由な振舞いができたわけですよね。おっさんたちの間には、そういう意外な空気を喜ぶというか、少なくともこだわらない空気感があったのでしょうね。

**雨宮**　ええ。でも、ちょっとうんざりすることもありました。とくに塩見さんなどは、よく会議をしたがって、私はそのころはまだアルバイト生活をしていたので、この日はバイトだから行けないと言うと、革命のためにはバイトなんか休めばいい、たかがバイトで何をガタガタ言ってるみたいなところがあったので、「労働者が」とか言いながら、何もわかってないなと思ってそれは嫌でした。そういうところは困った人だなと（笑）。まぁ、まだ労働経験のない頃の塩見さんだったので仕方ないですが。

## 「地」でやっていると言えるようになった

**雨宮**　それはともかく、マウンティングがなくなったことには、年齢的なものもあるかもしれないですね。二十歳ぐらいは張り合ったりする時期だと思いますが、四十代になった今は、どっちが上かの合戦はあまりないかも。

——雨宮さんはうまく抜けられたんですよ。世の中には、たとえ子育てでも競争のネタにしちゃう女性もいますから……。

**雨宮**　そうか、どっちが幸せか合戦は、結婚しても、子どもが生まれても、続きますもんね。

——テレビドラマの主題にもそういうのが多いじゃないですか、幸せ比べ、不幸比べみたいな。そういうドラマはご覧にならないのですか。

**雨宮**　ええ。ドラマは全然。

——そういった合戦から抜け出られたのは具体的にいうといつごろからのことですか。

**雨宮**　右翼に入った時点で、もう「圏外」に出ていました。誰も相手にしてくれなくなったので。ちょっとマウンティングされたら、右翼に勧誘すれば全員逃げてってくれるので、友達が一人もいなくなった。そうやって自分で敢えて切っていったところがあるわけで、それくらい女友だちのマウンティングが嫌だったんです。覚えているのは、二十歳のお正月に年賀状が一通も来なかったということで、そのころは、普段から女友達は一人もいなかった。それは自分で切っていながらも、さすがにけっこう辛かったです。でも、女友達がいたら、たぶん右翼に入るのを止められていたでしょうね。そういう意味では、積極的に関係を断ってよかったなと思います。**友達と「なんかいいことないかな同盟」を作り続けるって、私にとっては無益なことだったので。**

――演じる熱い自分と、冷めて俯瞰する自分の二重性は今でもあるのですか。

**雨宮**　右翼の時は、演じてるっていうか、あえて熱狂を作り出して、自分で自分が退屈しないように頑張るみたいなところがありました。退屈とか、意味のない日々を送っていると思うと、本当に死にたくなっていたので。

物を書くようになってからは、そんなに熱狂しなくてもいいので、そのへんは自然に一つになってきた感じがありますね。冷静に自分を俯瞰して、離人症的な感じで自分を見る視点は、そういえば今はないです。

――地でやってらっしゃる？

**雨宮**　地でできるようになったという感じです。その冷静な別の自分がいなくても、安心して生きていけるようになったというか。

――それは成熟でしょうか。

**雨宮**　自分ではよくわかりません。でも、マウンティングから逃れられたのはこれ（『生き地獄天国』）を書いたからです。書くことで人格が統合されたというか。もちろん、どっかで俯瞰する視点がなきゃ書けなかったわけですが。

それから、これも自分に関わることですけど、だいぶ自分以外のことを書けるようになった。貧困問題などで、自分を離れて、ある意味プロのライターとして人の話とかルポルタージュを書くようなことをしていると、だんだん自分と距離をとることが上手くできるようになったし、自分の問題と関係なく書くことができるようになったので、気がついたら二重の視点もなくなっていました。

## 「世界同時革命」おじさん

――左翼宣言はいつごろでしたっけ。

**雨宮**　左翼宣言というか、貧困問題にかかわったのが二〇〇六年なので、そのときくらいかな。別に左翼だと宣言したわけじゃないけれど、人からは元右翼だったのが左傾化したって言われるようになって。『生きさせろ！　難民化する若者たち』（太田出版、二〇〇七年）を出したころです。

――左傾化という自意識はあったのですか。

**雨宮**　なかったです。ないけど、いろんな人が「左翼になった」と言うので、「このごろは左翼になったと言われる」と言っていたら、先ほどの原稿でも書いていたように塩見さんにすごく怒鳴られた（笑）。お前、マルクスも読んでないくせに、なにが左翼だって言われたので、もう二度と言うかと思いました（笑）。

――塩見さんとは、最後まで付かず離れずという感じですか。

**雨宮**　そうですね。亡くなる前は入退院を繰り返していたそうなので、清瀬の市議選に応援に行ったのが最後くらいで、あまり会っていなかった。見事に落選しましたし。赤軍の旗を抱えて出て、「赤軍派もいる明るい清瀬」「清瀬から世界同時革命」「獄中二十年の確かな実績」とか叫んだわけで、落ちるに決まっています（笑）。

――でも、いたって真面目。あの人は、それこそ相対化ができなかった。

**雨宮**　本当に本気でした。

――獄中でも変わっていないし、そもそも発想がしょぼい（笑）。赤軍派の戦いを今から見るとそう見えるけど、彼らは、武装だ、戦争だと言ったじゃないですか。でも、鉄パイプを拳銃に持ち替えたら、それで武装したことになると思っていたんですから、これが日本のレーニンなら左翼はもうアウトだと思いました。前衛が拳銃を持てば、革命につながると本気で考えていたという質の悪い冗談にしか聞こえなかった。ゲバ棒を振るった連中の中には、それを自ら「割り箸」と呼ぶ自己批評があった中で、塩見さんは天然記念物的だった。

**雨宮**　へえー、そんな見方もあったんですね。でも私にとっては全部が面白い人でしたね。なにを言っても、「世界同時革命」という言葉が返ってくるし。ただ何でもかんでも資本主義が悪いと言うので、一部の若者には救済になる面があったというか。そういう意味では、最初から「珍しい人」（笑）。

――あの人こそ「不思議ちゃん」です。

『生きさせろ！』（ちくま文庫）

**雨宮**　そう言われたら、そうですね（笑）。

――雨宮さんがまだ「右翼」だった時代に、一緒に北朝鮮に行く時に撮られた機内インタビューでは、「彼女たちとは反米の一点でつながっているんだ」と言っていましたが、その表情は好々爺という感じでした。

**雨宮**　私は、塩見さんがああいう人だから、赤軍派のみんなも雑なノリだったのかなと思っていました。で、祭り気分でわーっと進んでしまったのかなと。でも、塩見さんの天然ぶりは当時からすごかったみたいですね。よくそんな塩見さんが議長をやってたなと。そういえば塩見さんのお別れ会に獄中の重信房子さんからメッセージが来ていて、「あなたが赤軍派のリーダーだと知ってたら、私は赤軍派に行かなかった」と書いてありました（笑）。

――でも、その人が北朝鮮に行こうと声をかけてくれたわけですよね。イラクに行った時に音頭をとったのは誰でしたっけ。

**雨宮**　一水会の木村三浩《みつひろ》さん（一九五六年～、新右翼団体「一水会」代表。元統一戦線義勇軍議長）。

――右左のこだわりがなくて、本当に革命的ですね（笑）。一水会の鈴木邦男さんとは、いまもつきあいがあるんですか？

**雨宮**　あります。

――お師匠さんって感じでしょうか。

**雨宮**　いや、ただのダメなおっさんって感じです。どういう関係ですかって聞かれると、鈴木さんは「雨宮さんの奴隷」とか「下僕」とか言います。私がそう言っていると言って。ひどい、そんなこと言ってないと言おうと思ったけど、よく考えると昔から言ってました。「三百円ちょうだい」とか、小銭もらったりもしてました。今思えば、**二十歳そこそこで新右翼の大物にカツアゲをしてたんですね**（笑）。

## 活動家は、精神的に健康である

——そういうおじさんたちが周りにいて、面倒ではないですか。

**雨宮**　面倒くさいです（笑）。とくに塩見さんがそうでした。北朝鮮に誘われて、帰ると公安から電話があり「あの人と一緒でしたよね」と言われたり、ガサ入れが入ったり。北朝鮮に行ったらこういうことになる可能性があるとか大事なことは知らせないまま、いろんなことに誘ってくるので、それは面倒でした。でも、それはあの世代の活動家の特徴っぽいですね。六〇～七〇年代の話を聞くと、適当に友達をデモとかに誘う時、機動隊に一発殴られたら目覚めるんだみたいな雑な感覚で運動に誘っている。今では考えられない発想です。

塩見さんは私が左傾化したと言われたころは、自分の影響を受けて私が左傾化したと勘違いしたところがあって、俺が育てたというような言い方をしたり（笑）。

それで、近々打ち合わせしようとか、「反貧困運動」を使って「世界同時革命」をしたいとかって誘われたんですけど、せっかく「反貧困運動」が始まり出したころだったので、そんなところに獄中二十年の元赤軍派議長がいたら面倒でしょうがないので、ずっと断っていたんです。その時に、お前はマルクスも読んでないのになにが左翼だって怒り出したんです（笑）。

右翼では、右翼に「なる」のに資格も課題図書もないですが、左翼は、マルクスを読まないと「なれない」らしく、そんなテストに合格もしたくないのでそれ以来、左翼と名乗るのはやめました（笑）。

その後、「シルバー人材センター」で働いて、「シルバー人材センターユニオン」を作ると言い出して、私が入っている「フリーター労組」に相談にきました。その時もこのセンターの運動を利用して「世界同時革命」をしたいと言っていました（笑）。ほんとにどうしたんだろうこの人はと思いますが、でも面白いというか、考え方によっては、こんな楽しいこともそうないので。

――地道なことをやっても、ファンタジーはなくしてなかった。

**雨宮**　死ぬまで「世界同時革命」と言っていましたから、本当にいい人生だったっていうか、何か一つのことをあんなにブレずに言い続けて、周りはたぶん迷惑だったろうけど、本人は楽しかっただろうなと思いますね。

――お題目だから、確かにわかりやすい。他にわかりにくくて面倒くさい人はいますか。

**雨宮**　活動家は、みんなわかりやすいです。私は**友だちじゃなくて同志を作るのがいいと思っているんです**。同志は獲得目標というか、最終的な目的が一緒ですから、そういう意味で活動家の人は、目的がはっきりしていて楽というか、人間的な面倒くささはないですね。活動してない人のほうが、本当の意味では面倒だと思います。自分自身がそうだったということもありますけど、「死にたい」と繰り返す友人との関わりなんかでは、夜中に電話があって、何時間も死にたいという話に付き合ったりするので、それは大変ですよね。死にたい本人が一番大変なわけですが。

そういうことを思うと、**活動家はなんて精神的に健康なんだろうって思う人が多い**。自分も活動家になって、健全になった感じがします。かつては自分の生きづらさのどこかに、自分が何をどうやってもこの広い世界は変わらないみたいな無力感があって、それがすごく辛かった。いろんなひどい不条理があることに対して、何もできないっていうことは辛いじゃないですか。でも活動家になったら、それを少しはましにしようとしている存在になれたのかなと思うので楽になったといいますか。世界は変えられるかもしれないと信じているだけで、そういう仲間がいるだけで、すごい生きやすくなったということがあります。

## 「活動依存」と「活動家健康法」

**雨宮**　私は活動家になったことについても、これは一つの依存症だと思っているというか、病気の一つの症状として活動しているという感じがしています。不条理な世界の中で病まないようにするための適応というか、私にとっての活動はどこかリストカットと同じようなもので、一つの依存先であり、生きるために必要なものです。「アルコール依存」とか「薬物依存」と同じような「**活動依存**」。でもそれによって、二次被害的に誰かの役に立てばいいかなっていう。

――なるほどぉ……。やることがあって、悩みながらも前には進めるわけですね。

**雨宮**　ええ。「何かをやってる感」があって、しかもいろんな意味で罪悪感を感じずに済むというか。この腐ったひどい世界に対して何もしない自分、という罪悪感は少なくとも感じなくていい。生きづらい人の中にも、活動を始めて元気になったという人が結構います。もちろん、すべての生きづらい人に効くわけではありませんが。ただ、私は病気の一つの症状として活動をやってるのかもと言ってもなかなか理解してもらえませんね。わかる人はすんなりわかるけども。

――それが逆説的な健康につながるということは、わかります。余分なことを考えないですむようになるだろうし。

**雨宮**　だから一つの健康法でもあるんです。「**活動家健康法**」みたいな。

――面白い。それについては、まだ書いていらっしゃらないですね。

**雨宮**　書いていないです。

――何か腑に落ちるものがあります。そうか、そういうことなのかっていう。目から一つ鱗が落ちた感じがする。

**雨宮**　私は自分が無力だと思うことが、一番生きづらかったんです。無力ではないということを証明できる一つの手段が、活動家になることだったというか。

――自分の中に潜んでいるものを、活動で濾過することによって他者たちに向けて出してみせる。そういう意味では、なかなか見事な自己表現でもあるんじゃないでしょうか。病気であろうが、何であろうが。

**雨宮**　ものすごく極端な言い方ですが、人によっては、活動家にならなければ、もしかしたら無差別殺人者になっていたかもしれない、ということもあるような気がします。

私にも、どこかで自分が社会に対して爆発的な怒りを向けるような事件を犯してしまうのではという思いがありました。

自分の中にある無力感だとか、承認されたいという欲求だとか、あとは社会に対する怒りなどを、誰かを傷つけるような事件にしてしまうか、それとも活動につなげるかっていうことが、結構紙一重だったところがある。社会への怒りは、一歩間違えば凶悪事件につながることもあるけれど、その怒りを建設的な方向に向けていき、活動家として社会をよりマシな方向に変えていくこともできるということです。そういう意味では、社会への怒りから活動するということは、自分で自分という犯罪者予備軍を、良い方向に向けて飼い慣らしていく、一つの方法でもあるという感じがしますね。

## 「相模原障害者施設殺傷事件」の指し示すもの

――犯罪者のことになったので、いきなりですが「相模原障害者施設殺傷事件」（二〇一六年七月二十六日の未明、神奈川県相模原市の県立福祉施設「津久井やまゆり園」に元施設職員が侵入し、所持していた刃物で入所者十九人を刺殺し、入所者・職員計二十六人に重軽傷を負わせた大量殺人事件）の植松聖被告のことはどう思われますか。

**雨宮**　これまで、日本で無差別殺人のような事件を起こしてきた人は、「死刑になりたい」「誰でもよかった」と判で押したように同じことを繰り返していましたが、相模原の植松被告はまったく違いますよね。死刑になりたかったわけでも、相手が誰でもよかったわけでもない。殺す相手が「社会の役に立たない」障害者でなければならなかったし、そのことを「世界経済活性化のため」と衆院議長にあてた手紙で書いている。

その手紙で彼は、自分は障害者を四七〇人殺せる、それが日本、世界のためになる、とプレゼンしています。その対価として、五億円の報酬をもらって、二年で刑務所から出して社会復帰させてくれという要求をしている。

自分はこんなに社会の役に立つことができますよ、日本国全体の費用対効果を考えたらそのほうがいいでしょう、自分はそれをできますと、自分が生産性のある人間だということを証明しようとして殺人を犯したという、ものすごく恐ろしい事件です。「お前が生産性の高いことを証明しろ」という、社会の中にある要求の最悪の解答として、あれをやってしまったというか。

だから、今の社会が求めていることを究極まで突き詰めていくと、彼の起こした事件になる。決して彼ひとりがモンスターで、頭がおかしくて、滅茶苦茶なことをしたのではなくて、今の世の中にあるいろんなメッセージを読み解いていけば、障害者なんていないほうがいいみたいな、障害者一人にこれだけお金がかかるっていうようなことが、日々言われている。高齢者の医療費、年金にはお金がこんなにかかるとか、そういうメッセージが溢れていますよね。

――ある意味で、政治家や政府が率先して言っていることですよね。

**雨宮**　だから、あの事件が起きたときは、メディアで「かけがえのない命が」とか言っているのがちゃんちゃらおかしいというか、あまりにも空回りした言葉に聞こえました。だって事件を受けて**「命は大切」と繰り返すニュース番組なんかが、別の日には高齢者を財政破綻とかとセットで「お荷物感」たっぷりで報じている。**生産もできないのにこんなに金がかかるってことを、障害者や高齢者に当てはめて言い続ける姿をこれだけ見せ続けていれば、それは自分は有能な、役に立つ人間だと証明したくてああいうことをする人間が出てくるのは予想できたというか。ある意味、「とうとうこんな事件が起きてしまったか」と思った人が多いですよね。「とうとう」と。どこか、日本社会はあの事件を予感していた。

## 日本の障害者の扱い

**雨宮**　私は、障害者が交通事故で死んでも逸失利益が裁判でゼロ円と認定されたりすることがあると、二冊目の本の『自殺のコスト』（太田出版、二〇〇二年）を書いている時に知って、とてもびっくりしたんです。「いじめ」自殺とか、過労自殺とか、いろいろな自殺のコストを扱う本でしたから、そういう命の値踏みをするような算出方法があると知って驚いたわけですけど、要は、働けない障害者は、将来得られたはずの利益＝逸失利益がゼロだからゼロ円という判断。命の値段がゼロ、というのと同じです。なんか、心底びっくりしました。

私のいとこは障害者で、知的障害があって、二〇〇〇年代前半に亡くなりました。いとことは、いとこ以上姉妹未満という感じで育って、私より五歳くらい年下でした。亡くなったのは彼女が二十代前半の頃。風邪をひいて、その風邪の菌が脳に入ってみるみる体調が悪くなって、家族が救急車を呼んだんですけど、受け入れてくれる病院が見つからなかった。理由は、身体障害者はいいけど、知的障害者は自分の病状が説明ができないから受け入れられないというものでした。

結局、病院が見つからずに、次の日にやっと受け入れ先が見つかったんですけど、もう手遅れで、数日後にはあっという間に死んでしまいました。それが、私が物書きになって三年目ぐらいに起きた出来事でした。そのとき私はまだ貧困とか社会的弱者の問題なんて何も知らなくて、生きづらさとかリストカットとか、そういう話を書いていた。でも、お正月に帰省して会ったいとこがその数日後に危篤状態になって、慌てて東京からまた北海道に戻って目の前で亡くなるのを見て、一体何なんだこれはと、これまで信じていたものがひっくり返るような衝撃を受けました。そのことが、社会的弱者の問題に関心を持つ大きなきっかけになりました。障害者は病院に受け入れてもらえず、こういうふうに死んでしまうのかと。

――殺したようなものですね。社会全体の暗黙の合意のもとに。

**雨宮**　二十代前半は右翼にいたこともあって、それまでは日本がそんなにひどい国だとは思ってなかったんです。ある意味で、左翼の人達はいろんな弱者を見つけてきて、そういう弱者を利用して運動してるみたいに思っていたところもあった。それが、そういうことが自分のいとこの身に起きて、初めて日本って国は、自分は健常者だからこういう扱いはされないけれど、障害者だとあっという間に殺されるというか、死んだほうがいいみたいな扱いを受けるんだということに気がついた。日本社会が私の思っているものと違う、**健常者には見えない部分があるということ**を、初めて実感として感じたのがその出来事でした。

## 弱いものがさらに弱いものを叩く

――優生保護法がなくなるのが一九九九年。これも無茶苦茶です。日本の政治ってどこを見ているんだろうって感じがする。植松がとくに許せないところは、生きている価値がない障害者とそうじゃない障害者とに区別して、自己紹介ができないのは、自己意識がもてずに他者とのコミュニケーションが取れない証拠だから生きている価値がないという理不尽な原則を、現場できわめて杜撰な判断にもとづいて殺したことです。あの広い施設の一つひとつの部屋を移動して、たったの一時間でけが人も含めると五十人近い人を殺傷しているのに、コミュニケーションがとれないと判断したなどと、よくぞ言えたものです。恐怖のあまり声も出ない他者のその時の現実を一顧だにしない一方的な決めつけと傲岸さ、そして貧しさ。それは、モリカケ問題などを起こした官僚や政治家たち、つまり国家を動かす者たちの姿勢や態度にも通じているような気がします。どんな論理で繕っても拭うことができない、とんでもない妄言だと思う。

**雨宮**　彼自身は全然強者でもないし、目指していた学校の先生にもなれなかったわけですよね……。

――ええ。だから刺青を彫ってコンプレックスを隠し、自分を誇示してみせなければならなかったわけでしょうね。まるで相手のいないマウンティングでもするように……。

**雨宮**　生活保護も受けていたわけですしね。彼みたいに何か持っていたわけではない人があんなことをした。弱者が弱者を、弱い者が弱い者をということの典型ですよね。

――その弱さが、どうして衆議院議長宛てのあの手紙の論理に結びついたのか、国には自己批判する意味でも、そのメカニズムを徹底的に解明する責任があると思う。そういう意味でも植松を死刑にしてはいけない。オウムの麻原死刑の愚を繰り返してはいけません。

**雨宮**　彼は自分が死刑になると思っているのかな。「死刑になりたい」からやったわけではないですよね？

――ええ。釈放されることを前提に手紙に書いているわけですから。書いたこととその思考回路は、いまの日本社会の底に流れている考え方を突き詰めたという意味では、隠れたオーソドキシーとさえ言えるようなものだと思います。全然現実的ではないけれど。

**雨宮**　生産性がない人は生きる価値がないっていうようなことは、結局、手をかえ品をかえ、この二十年以上、国が言ってきたことでもありますよね。生産性が高くて即戦力で利益を生み出すものでなければ生きる価値がない、と。だって企業は、どんな長時間労働でも倒れない強靭な肉体と、どんなにパワハラを受けても病まない強靭な精神を持ったうえに、コミュニケーション能力の高い即戦力しか必要としていないわけだから。そんなメッセージを凝縮して突き詰めたら、あの事件になりましたっていう話ですね。

――植松を取り巻いていたヒエラルヒー（階層制）とカーストと言いましょうか、その構造についても具体的に分析され、解明されないといけないんじゃないでしょうか。この事件については、精神医学とか心理学とか、これからいろいろ社会科学的な解析がなされていくと思いますが、詰めて考えていくと、先ほど話してもらった若者たちの間にあるスクールカーストやクラスタの問題ともつながりますよね。

## スクールカーストに潜在している「死」

――若い人達にとっては、カーストは一般的なのでしょうが、ぼくらの若いときは、もちろんお金持ちはいたけれど、総じてみんな貧乏だという共通の感じがあって、クラスタ的な感覚はあまりなかった。いまの若者たちには網の目のように張り巡らされたクラスタがあると考えていいんですかね。

**雨宮**　ええ。スクールカースト的なピラミッド構造が一番わかりやすいと思いますが、「モテ」とか「人気者」とか「派手」とか、ちょっと前の女子だったら「ギャル」とかいうのがトップにいて、その下に何人かでグループを作る「ちょっとかわいい系」とか「普通」とか「地味」があって、その下には「キモい」とか、さらにその下にはもう誰とも友達じゃない層とか。

――それって横滑りさせると、最後には障害者を殺してもいいという発想につながりかねませんね。

**雨宮**　殺す云々は別にして、やはりスクールカーストの中では多くの場合、底辺に位置付けられると思います。

――そうすると、若者が共有する社会的な幻想と言うか、固定的なヒエラルヒーが一つある。そしてもう一つ、若者たちの間にその幻想を作り出す経済・社会的な構造がある。そこを徹底して批判・解明しなきゃいけませんね。スクールカーストと呼ばれるものがそこまで浸透しているとは迂闊にも知りませんでした。恐ろしいことです。

**雨宮**　多くの若者たちにとって、「空気を読む」っていうことが、たぶん至上命題になっていると思います。その前にまずは、自分がどの位置にいるのかを知らなきゃいけない。たとえば「キモい」と認定されている人とかが、カーストが低いのに大きい声で笑ったりしちゃいけない、とか。目立ったら、たちまちいじめられたり、いじられたりするから。だから、**カーストにそぐわない振る舞いをする、イコール「死」なんです**。

　教室だと、空気なんか秒単位で変わりますから、その目まぐるしく変わる空気を的確に読んで、自分のカーストに見合った振る舞いをしないと、いじめられて、不登校になって、ひきこもりになって、就職できなくて、人生台無しで終わりになって、親が死んだら餓死っていう、もうそこまである意味予測されてしまう。たったひとつの振る舞いが、人生を棒にふるくらいの破壊力を秘めてしまっている場合がある。

自分の一瞬の目つきとか、声を出して笑うか笑わないかとか、その振る舞いが一生につながる。一度いじめられたら、もういじめ殺されるか、ひきこもりで死ぬしかない、みたいな。五十代になっても引きこもりみたいな人生しかない可能性まである意味見えてしまう時代なので、そこの振る舞いを間違えることが、本当に即、「死」につながるくらいの圧力です。

だから、死なないための生存本能というか、子どもたちは教室にいるだけで、勉強どころじゃないくらいに神経を使い果たして、もうクタクタなんじゃないか、というふうに思います。自分もそうだったし。それに加えて、今はＬＩＮＥやＳＮＳがある。だから、**コミュニケーションと、自分の身を守るための振る舞いを瞬時に計算することで、もう疲れ切っていますよね。**そのうえで先生は勉強しろと言うし、親はいい成績取っていい学校に行けと言う。何か、もうヘトヘトというか。

## 空気は「読む」もので、「変える」ものではない

――空気を読むことが、多くの若者たちにとって至上命題になっていることを、初めて知りました。なるほど、そういうことですか。

**雨宮**　職場でもあるんじゃないですか。職場にもよるでしょうけど。でも、学校のほうがより露

骨でしょうね。

――その空気を変えることはできないんですか。お笑いの連中がするみたいに。

**雨宮**　空気の変え方にしても、ある文脈の中での学校内だけの笑いとか、変えるバージョンが決まりきっていると思います。しかも多くの場合、それはカースト上位の人にしかできない。する資格がない。カースト上位の人が、ある人のいじりに飽きて別の誰かをあざ笑ったりいじったりとか。また、たとえばそこで「選挙行こうぜ」とか、「デモに行こうぜ」なんていう空気の変え方をしようものなら、その人はすぐに真っ逆さまに一番下に落ちて、ただの**「意識高い系」**の**「キモい奴」**になるみたいな。カースト上位でも、選挙やデモというキーワードはその人を最下位に落とすほどの破壊力を持っているでしょうね。「意識高い系」という言葉もバカにした侮蔑語です。意識高いぶってるみたいな。シールズ（SEALDs：Students Emergency Action for Liberal Democracy‐s／「自由と民主主義のための学生緊急行動」の略称）とかは、「意識高い系」と相当攻撃されてましたね。

――怖ろしい状況が進んでいるっていいましょうか。辛いですよね、それは。

**雨宮**　そういうなかで、運動するとか、声を上げるような人間が生まれるはずがない。

だから、本当に一部ですけど、シールズとかエキタス（AEQUITAS：最低賃金一五〇〇円を訴えるグループ）とか、そういう若い世代が出てきてはいますけど、圧倒的多数はたぶん完全沈黙だと思うので、とにかく運動しようがない人格っていうか、それが遺伝子として、細胞レベルで組み込まれてるという感じです。目立ってはいけないし、声をあげたり目立つということが、自殺行為になるとさんざん言われているなかで、政治的にどんなに状況が悪くなろうとも、それは声を上げないだろうなと思いますね。学校でいじめられなくても、大学とか職場でいじめられなくても、ネットでいじめ殺されることだって起こりえますし。

ちょっと目立った活動家の若い人なんかは、女性がとくにそうですけれど、罵詈雑言どころじゃなくて、ＳＮＳで死体写真を送りつけられたとか、もう精神的に破壊されるくらいまで、全然見ず知らずの人達がみんなでいじめぬく。それは本当に怖いなあと思いますね。

――なるほど。そうなったら、同一人物でもさすがに二つのアカウントを持たざるを得ないですね。そうしないと、恐ろしくてとてもやっていられない。

**雨宮**　そうですね。二〇一八年の四月二十八日に「私は黙らない」という「＃ＭｅＴｏｏ」の街宣が東京・新宿のアルタ前でありました。当時、退官したばかりだった福田財務事務次官のセクハラ問題などを受けて開催された街宣です。シールズなどの若い女性たちが主催して、次々と女性たちがスピーチした。痴漢やセクハラに対して、女子高校生が、「人の嫌がることはしない、ただそれだけです。その当たり前ができない人が多すぎます」とスピーチし、女子大学生が、「バカな女子高生、バカな女子大生、バカなＯＬでもわかる映画」というような言い分に対してこう言った。

「なぜ、バカな大学生じゃなくバカな女子大生なんですか。なぜ、バカなサラリーマンじゃなくバカなOLなんですか。なぜ、女性はバカが標準設定とされているんでしょうか」

その街宣で最後にスピーチしたのは元シールズの二十代の女性だったんですが、自身のレイプ被害について、触れました。途中から涙声になって、嗚咽しながら、話してくれました。

「自分の叫びも身体の痛みも、身体の震えも全部しっかり覚えてる。壊れてしまったお気に入りだった金の時計も、すぐそこにあるホテルの部屋のドアがはるか遠くにあるかのように見えていたことも、全部全部覚えてる。被害に遭った直後に言われたこと。『あんたがそんな格好してるからそういうことが起こるんだ』って。その言葉は私を殺した。私はしばらく死んでいた。そして私はこの国を離れる決心をした。その時、私が必要としていた言葉を、私はついに聞くことはできなかった」

「私はおそらく、そしてこれからもずっと、社会の求めるいい女になんかなれない。だから私は今日、ここに立つことを決めた。

自分が聞くことのできなかった言葉を、どこかで必要としているであろう女たちに届けるために。

私の痛みは、あなたの消費のためにあるわけではない。

私の選ぶ洋服は、あなたへの招待状でもなければ許可証でもない。

私は棚に陳列された商品ではなく、笑顔を貼り付けられた人形でもなく、自分を定義するということを覚えた私は、お前の、お前みたいなやつの一時的な欲求とシステムにコントロールされた物言いに負けることはない！」

素晴らしいスピーチでした。終わったあと、彼女を囲んで、みんな抱き合って泣いていました。私ももらい泣きしました。

でも、**ネットではバッシングが待っている。**とにかく「パヨク」はどうしようもない、みたいな。

## 「パヨク」と「そうだ、難民しよう！」

——パヨクって、何ですか。

**雨宮**　いわゆる左翼を指すネットスラングです。千葉麗子さんという、元アイドルで3・11をきっかけに脱原発運動を頑張っていた女性がいるんですが、その人が今は右翼的な活動をしていて、左派的な活動を辞めた時に出した本が『さよならパヨク』（青林堂、二〇一六年）。それでパヨクという言い方が広まりました。

千葉麗子さんは、『そうだ難民しよう　はすみとしこの世界』（青林堂、二〇一五年）を描いたはすみとしこさんという漫画家とネット番組などで対談しています。「そうだ、難民しよう」って、有名ですよね。難民の少女を描いたイラストの横にこんな文章が並んでいます。

「安全に暮らしたい

清潔な暮らしを送りたい

美味しいものが食べたい
自由に遊びに行きたい
おしゃれがしたい
贅沢がしたい
何の苦労もなく
生きたいように生きていきたい
他人の金で。
そうだ、
難民しよう！」

何か、いろんなことの底が抜けてしまったような表現ですよね。はすみさんは伊藤詩織さんを題材にしたイラストも描いていて、それもひどい。女性が描いたものと信じたくないくらい。伊藤詩織さんと思しき女性を描いたイラストに添えてある文章は、

「米国じゃキャバ嬢だけど
私ジャーナリストになりたいの
試しに大物記者と寝てみたわ
だけどあれから音沙汰なし
私にタダ乗りして

これってレイプでしょ？

枕営業大失敗‼」

どうして女性がこういう表現をするのか。いったい何があってこうなったのか、本当に理解に苦しみます。辛い。

——右翼左翼の区別など、もうどっちでもいいと思いますが、空気を読むことを含めて社会がそこまでいっているのは深刻です。

**雨宮**　今は不倫とかで芸能人バッシングもすごいですよね。その時の炎上の仕方と、空気を読むのが至上命題の社会というのは、すごい関係がある感じがします。なんかこいつが悪い、悪いやつには何やってもいいみたいな暗い情熱を感じます。空気を読む社会というのは、その空気から逸脱したり、それを読めない人を、みんなで罰して死ぬまで追い詰める怖さがある。

——そういう空気を壊しちゃいけないという雰囲気がある一方で、「＃ＭｅＴｏｏ」などのフェミニズムの動きが活発であることについてはどうですか。

**雨宮**　今、フェミがある種元気なのは、喜ばしいです。

でもやっぱり空気を読んでる人が多いから、ほとんどの女性は「＃ＭｅＴｏｏ」なんて言えないし、街宣にも来ないし、女性の側から「＃ＭｅＴｏｏ」やフェミの動きに対して「迷惑」みたいな声もある。「なんでもかんでも男や制度のせいにするな」とか。

「ＫＹ」（空気が読めない）という言葉が出てきたのが十年以上前ですよね。自分が十代の頃は

「空気を読む」って言葉はそれほど一般的でなかったですけど、そういう圧力はありました。たとえば、山田というカースト低めの生徒がいたとして、「山田のくせに笑ってる」とか、「山田のくせに恋愛してる」とか、「山田のくせに楽しそうにしてる」とか、そういう言い方はあった。それがなんか、いじめとまではいかなくても辛いというか、**「何々のくせに何々しやがって」**と言うのって、かなり人格を否定しているところがあって、それは一言で言うと「空気読めよ」って話だったと思うんですけれども、そういう物言いは私が中学ぐらいのときにすでにありました。それがより露骨になったのが、「KY」だったと思います。

でも、**これは相互監視みたいなもの**で、結局、上にとってはとても管理がしやすくなるという話ですよね。なので、ある意味、管理教育的なものの動きと関わっているんでしょうね。

管理教育というと、私が中学の時、主に八〇年代後半ですが、ものすごい体罰がありました。それもヤンキー系の目立つ生徒が犠牲になる。クラス内では地味系を底辺に目立つ系がカースト上位にいる。その上で、あえて教師が目立つ系を見せしめみたいに時々ボコボコにして、力のありかをみんなに周知する。分断統治じゃないですけど、そういうふうにすれば教師もやりやすいと考えていたんじゃないかなと思います。

――それは、新しい社会論かもしれません。同調圧力とか、これまでにもいろいろな言い方があったと思うんですけど、われわれはカーストの視点は知らなかったし、同調圧力より病が進んでいるというか、急いで認識を新たにする必要を感じます。

**雨宮**　でも、遠回りな言い方になるかもしれませんが、空気を読むのも、今声を上げてる人がバッシングされ、罰されるようなひどい批判を受けるのも、「自分は不条理に我慢してるのに、お前まだ諦めていないのか」みたいな、**「お前もとっとと諦めろ」という圧力**があるからですよね。じゃあ、なんで諦めなくちゃいけないかっていうと、世の中、不条理なものであって当たり前という諦めが前提になっていて、それに社会全体が甘んじているからでしょう。**何をやろうが何を思おうが、この社会は絶対に変わらない、こんなものなんだという諦念。**私たちには成功体験がほとんどない。社会を変えたという手応えが、残念ながらない。私は派遣村やその後の政権交代などを経験して、変わった、変えたという実感が少しはありますが、多くの人にはない。だから、いろんなことに言えることですけど、もう少し世の中がまともというか、頑張ればそれなりに報われるというような社会になれば、声をあげる人がバッシングされることもなくなるのかなって思います。

## 「自由」と「自己責任」

――戦後の日本社会全体の雰囲気を作ってきた言葉の一つに、「自由」という言葉があると思うんです。何せ長く政権を維持してきた日本の代表的な政党の名前が自由民主党です。その自由がいま日本ではどんな扱いを受けているか。そもそも自由について真剣に考えてきたことなんてあるのかねって思ってしまう。西洋ではジャン・ジャック・ルソーやジョン・スチュアート・ミルなどにはじまって、自由とは何だとさんざん考えてきた歴史があるわけでしょう。そのルソーが「私は自由というものを自分がしたいと思うことをすることだと思ったことは一度もない」と言っています。大事なのは、虐げられた奴隷のような人たちが「嫌なことは嫌だ」と言えることで、そこに現われ出るのが本来の自由なんだと。この言い方は大切だと思うんです。「したくない」という自由、いわば「抵抗」の自由ですよね。

だけど、われわれが考えてきたのは、せいぜい「したいことをする」自由ていどが関の山で、最近「自己責任」が幅をきかせていることからもわかる通り、そういう薄っぺらな「自由」には、いつだって無体な「責任」の押し付けがついて回る。でも、それでは今の社会で、先ほどの相模原の事件の話に出たような「役に立たない人たち」（責任をとれない人たち）を実質的に見捨ててしまうことにつながるわけです。だったら、我々は彼らを救うことのできるもっと厚みのある自由について考えたいと思う。

雨宮さんには、「自由が怖くない」という言葉があります。『生き地獄天国』の「天皇陛下バイバイ」という章に、「私はもう、一人で生きていけるだろう。／天皇陛下に幻を押しつけなくても、ちゃんと生きていけるだろう。／別に本当の自由なんて、怖くない気がする」と。

**雨宮**　ありました。昔は自由が怖かったけど、今は怖くなくなったと書いた。

――自由については、「私は自由であるべく呪われている」という趣旨の哲学者・サルトルの有名な言葉があります。でも、自由になっても私は怖くないと雨宮さんは言った。たぶん、活動家としてある思い切りというか、覚悟を決めた言葉だったのだと思いますが、結果として「したいことをする」「自己決定」的な自由には、「自己責任」という罠が待っているという不条理な壁を乗り越えて、より高次の「したくないことはしない」自由、もしくは「抵抗する」自由にたどり着く志向性を持った発言のように思いました。

**雨宮**　自由は、日本ではただのわがままで自己中心的だととられるところがありますものね。

――ええ。それに対して、あの発言にあった雨宮さんの「自由」には別の何かを言いあてようとしている。それをもう一度、雨宮さん風の言葉にし直すとどうなるのでしょう。

**雨宮**　その答えになるかどうかはわかりませんが、私がこの十二年、ずっと関わってる**プレカリアート**（不安定なプロレタリアートという意味の造語。非正規雇用、ニート、ひきこもり、不安定な正社員などを指す）の運動で、一番最初に行ったのは、「自由と生存のメーデー」というものでした。そのイベントは毎年開催されているんですけど、「自由と生存」というのが大きいキーワードになっている。「自由と生存を引き換えにするな」、それが大事なスローガンだったんです。たとえば、フリーターだったら多少の自由はあるけど、貧困で生存があやうい。正社員になったら、生きてくことはできるけど、自由が全然ない。それを引き換えにするなっていうことで「自由と生存のメーデー」というのをずっとやっている。

――抵抗する自由と生存は、ともに不可欠なもので、どっちかを選べという話じゃないと。

**雨宮**　ええ。その運動のなかで、よく語られるのが、自分たちが持っている今の自由は、ホームレスになる自由とか、餓死する自由とか、それぐらいしかないよねっていうことなんです。だから自分達でどうやって本当の自由を獲得していくか、あるいは自分たちが持っている自由にあるものすごい制限、結構それが話題になります。

——まさにそれが「したくない」自由の行使なのじゃないでしょうか。そのへんの感性は、もっと観念的でしたが、我々の世代にもありました。自由って何だといまも考えますし。

**雨宮**　プレカリアート運動を一緒にやってきた人とよく話すことがあります。それは、今の日本は政治活動の自由より、商業活動の自由のほうが大事にされている。だから、**商業活動の自由は際限なく認められ、政治活動の自由が狭められているんじゃないかと。**

——そうですね。でも、自分で言っておいて話を戻すようですが、さっきの相模原の事件、それから雨宮さんが教えてくれた「スクールカースト」や「自由と生存のメーデー」のことなどを知ると、自由を語るのも大事だけれど、いまはむしろ、人間には生存しているだけで価値があるんだ、どういう人間であろうと変わらないんだ、価値には重い軽いはないんだと、無骨に言い続けるのが先決になっているのかもしれないと感じます。

# 第二章　雨宮処凛とはどんな人間か

## 極端なところまでいかないと救われなかった

――今回のお話ですが、「他人とのつきあい方」ということを、緩く念頭に置いて進めてみるのはどうでしょう。たとえば「生きづらさ」という雨宮さん的な問題について考えるとします。すると、他人とのつきあい方が当然問題になる。他人のなかには、親兄弟、友人、学校の教師、ボランティアなどのほかに、政党とか労組とか行政の相談窓口の人とか、そういった組織の人たちもいます。玉石混交といいますか場合によってはにわかに信用できない場合だって多いと思うのです。そういう意味でさまざまなつきあい方を、いろんなレベルで腑分けしていただいて、雨宮さんの経験に即して実感的に語っていただけると面白いかなと。そうすると、人間関係についてのユニークなハウツー本になるかもしれないと思うのですが。

今回のインタビューに備えて読んだ多くのご著書のなかで、情報性や時事的な関心をひとまず脇に置いて考えれば、実は前回も触れた『生き地獄天国　雨宮処凛自伝』に一番興味を惹かれました。雨宮さんの処女作ですが、これは今も凄い。ちくま文庫版で「解説」を書いている鈴木邦男さんは、「現代の聖書」とまで言っていますが、その言い方がまんざら大袈裟ではないと思いました。告白本で基本的に「私語り」ですけど、語る範囲が形而上的と言いたくなるほど幅広く、何でも隠さずに悪びれないで書かれているものだから、その野放図で淡々とした語りがかえって眩しく、神々しいと言ってもいい印象を受けました。並みの私小説や「私語り」にありがちな重苦しさ、読む側にとっての辛さみたいなものがなかった。そこに緩さといいますか、ああいった過酷な状況が書かれている若々しい文体にある客観的な落ち着きといいますか、ある種の成熟した余裕が感じられたんです。最初の本が自伝というのも凄いですが、これは本当に処女作なんだろうかと思いました。書かれているのはまだ二十歳前の話がほとんどですね。

**雨宮**　ええ。出たのは二〇〇〇年なので、二十五歳のときになりますけど。

――それが鈴木さんに「現代の聖書」と評価された。どんな気持ちでしたか。

**雨宮**　「聖書」は大袈裟だと思いましたけども（笑）、嬉しかったです。自分のそれまでの、いじめとか親との関係とか十代のころの紆余曲折、いろいろこじらせてリストカットとかオーバードーズとか胃洗浄とか、それからいろいろ動き回って右翼に至るまでの経緯、そして右翼をやめるところまで書いている。その間に「自分探し」の範囲が、自傷行為から右翼にいったり、北朝鮮やイラクに行ったりと、ひょんなことからどんどん壮大になっていったので、それは今思っても、我ながらめちゃくちゃでしたけど、面白かったなと思います。「自分探し」って恋愛とか仕事、金持ち、成功を目指すとか、ブランドものを入手するとか、半径五mぐらいのことになりがちなところがあると思うんですけれど、私の場合は、「自分探し」をするんだったら、もうとことんまでいこうという気持ちがどこかにありました。**極限までいかないと救われないよ、みたいな……。**

――いじめなど、負の体験の反映や反動として、そうなったのでしょうか。それに、もともと持っていた資質が重なったのかなとも思いますが。学校の成績もいいし、文章だって書ける。もちろん、いじめの反動で勉強したことはあったでしょうが。

**雨宮**　そうですね。いじめを受けた経験は大きい。

## 胃洗浄のあと

――それで自伝を書いて世の中に出て、「ミニスカ右翼」だったり「ゴスロリ左翼」だったりと、マスコミには興味本位のキャッチフレーズをつけられる。でも、雨宮さんは、それを戦略的に受け止めて自分のために利用するしたたかさがあった。その秘めたる戦略は、いったいどこからきたのでしょう。

**雨宮**　うーん。いじめがなかったら、普通に生きていた感じがします。でもそこで、抑圧を受けたというか、自分を全否定された感じがあった。いじめる側の人は、マジョリティー側にいる、当時ならヤンキー文化だったり、そういう志向がある人たちで、普通にテレビドラマが好きで当時のジャニーズアイドル、光GENJIが好きで占いとかが好きで、という感じでした。普通の中学生だった私もドラマとかジャニーズとかそれまで好きだったんですけど、いじめが始まった途端、その人たちが好きなものを全部否定してバカにしなきゃ生きていけないみたいな感じになって、そこからすごく本を読むようになったということがありました。

**そんな頃、私の心の教祖だったのは大槻ケンヂ**（ロックバンド「筋肉少女帯」のボーカリスト。エッセイスト、小説家としても活躍。ファンから「オーケン」と呼ばれている）さんです。同世代のカースト低め、いじめられ系の人はみんな好きだと思います。オーケンの書く歌詞は「世界を燃やし尽くしてやる！」みたいな内容で、自分のことを書いた本では、中学高校時代、相当暗黒の少年時代だったことを書いている。教室内透明人間で、童貞をこじらせていて、もう本から匂い立つほどコンプレックスの塊だった十代の話を書いているんです。だからこそ、何者かになってみんなを見返してやろうと思ってバンドを組んだ、みたいな。それに思い切り救われました。このマイナスをプラスに反転させるには表現者になるしかないっていう、そんなふうに初めて目標ができた。それによって生きられた。その上、オーケンは、寺山修司とか、夢野久作とか、中島らもといった人たちの作品を自分の本でたくさん紹介していた。鬱屈した少年少女たちにこれを読めと教えてくれる、少し上の世代のお兄さんみたいな存在だったんです。だから、当時の私と同世代で小中高校生だった時にカーストが低めだった人たちが、後々サブカルに流れて行くわけですけど、そのきっかけの多くはオーケンです。

――そういうふうに、否定された自分を回復しようとしながらも、かなり遅くまでリストカットを続けて、最後にオーバードーズにまで至った時、友だちがついてきてくれて病院に行きますね。そのときに思ったこととして、こう書いてあります。


具体的な身体の痛みは、心の痛みより優先するみたいだった。……（中略）……胃洗浄から三時間後、私の鼻から無事チューブが取りだされた。やっとやっと、あの苦しみから解放されたのだ。

私は信じられないくらいに幸せだった。

こんな風に、自分をいじめながら幸せを作っていけば、生きていけるかもしれない。

そんなことを思った。

手首を切ったり、一泊二日の稚拙な自殺未遂体験をすることが、その時の私を生かしているすべてだった。


胃洗浄が終わってチューブが取れて幸せだと……。不謹慎な言い方かもしれませんが、体験した以上は自分のものにせずにおかないというか、そういう前向きで明るい感じさえします。

雨宮　「やりきった感」はあったんでしょうね（苦笑）。

――後々、リストカットをきっかけに集まった仲間たちに、その一段階先のステージにある胃洗浄の体験談をして大ウケするところがあるでしょう。まるで病気自慢をし合う老人たちのようですけど、ただの自慢ではなくて、ああいうところにお互いが共感しあう回路のさわりというか、端緒のようなものがあるという感じがします。普通の大人には、自慢はしてもああいう共感の回路は薄く脆い。そこは大切になさっているのでしょうか？　そういうところがあるから、鈴木邦男さんなどが「聖書」などと言ってみたりするのではないですか、普通にやっていることがあまりに凄くて。普通の大人は、告白してもあそこまでは言いません。

## すべて相対化する視点

雨宮　リストカットとかオーバードーズの話は、九〇年代の後半くらいからすごい言いやすくなったんです。ネットでそういうことをしている人がたくさんいると知ったし、そういう人たちが集まって顔を合わせ、そのネタで盛り上がるようにもなった。私も胃洗浄までいった人たちでユニットを作ろうと盛り上がって、「ストマックウォッシャーズ」と名乗ってみたり、そういうことをするようになった。

　そういうふうに自分たちを含めて全部を客観的に見たり、相対化して見たりすることが普通の作法みたいになっているところもあるので、その目線というか作法が、政治活動などにコミットしにくいところに通じているのかもしれないと思います。全部相対化してしまえば、どんな運動や活動でも、ちょっとバカにしたような目線で見ることができる。そうすると、自分が上に立った気分になれる。この目線は、どこか自分の苦しみを軽減する作用ももたらす。なんでも、どうでもいいというような、どこか自暴自棄な感覚ですね。政治的な運動をしている人を小バカにした目線で見る人ってたくさんいますけど、それと共通しているところがある。

私も、とくに当時はありました。政治運動っぽい場所から一歩身を引いて、全部相対化してバカにすることで、自分の苦しみを小さくするみたいな。運動をするようになったいまでも、そういうところを、どこかで引きずっている感じはあります。

——その引いて俯瞰的にメタの視線で自分を見ているところと、たとえば「平成のええじゃないか」という自主イベントで行なった演説、これには観衆も盛り上がって大騒ぎになったとありましたけど、ああいうふうに熱く自分を外に出しちゃうこととは、方向が逆じゃないですか。ああいう夢中というか、忘我の状態も一方では持っているわけですね。

**雨宮**　そうですね。でも、**どこかで俯瞰している自分は常に消えません**。右翼の時も、洗脳されたかったので、できれば忘我の境地にいきたかったわけですけど、忘我の境地にわざわざいくっていうこともおかしいというか、目指していること自体も何かおかしいぞと、自覚的に俯瞰していました。

## 俯瞰しながら「忘我」する

——そういう忘我の状態になりきれないながらも、忘我の状態と少なくとも外からは見えるようなことを、パフォーマンスとして演じることができるわけでしょ。それって、普通にイメージすると役者ですよね。役者にはそれらしく振舞うとか、そんなレベルは飛び超えて、集中すると自分を離れて役になりきっちゃうところがある。なりきるための準備はいろいろするし、準備段階ではかなり冷めているわけですが、集中しちゃうと中に沸いてくるものにまかせっきりになって、それで間違いのない正確ともいえる演技をする。

雨宮さんには、そういう巫女的な才能がもともと強くあって、だから、たとえば映画の『新しい神様』（デビュー前の雨宮さんを追ったドキュメント映画）でも、監督の土屋豊さんが題名に「神様」と入れたくなったのじゃないかと思います。『生き地獄天国』にしてもそうです。次々に起こる出来事が作ったみたいにつながって、まるで仕組まれたレースみたいに見事な物語になっている。でも伝記で、作り物ではないわけですね。

**雨宮**　そのまま書いたものですから。ちなみに『新しい神様』の「神様」は、「天皇に代わる何か」みたいなことを指していると聞きました。

——ああ。でも、あそこには雨宮さん流の「他人とのつきあい方」があるのではないでしょうか。『新しい神様』にしろ『生き地獄天国』にしろ、いろんな局面で次々と重要な他人が現れるでしょ。

その他人たちと、ほとんどの場合、何というか触れ合っている。必ずしも意見が同じだとか共感したというわけではなくて……。その通じる力がすごいし切ないとも思います。だからその秘密はどこにあるんだと聞きたくなる。鈴木さんはそれを現代の「イエス」と呼んだんだと思うけれど。

## 「自殺未遂イベント」という救い

**雨宮**　私は自分と同じような「生きづらさ」を持っている人としか接していないんです。いわゆる「リア充」な人は徹底的に避けているし、自分をいじめたようなキャラクターの人も避けているので、最初から共感でき得る人としか接していないというか。だから、なかなかわかり合えない人とは、最初から近づかないというのが一番大きいです。

これは右翼に入る前のころからの傾向で、「自殺未遂イベント」を自分で企画して実際に自殺未遂した人だけを呼ぶという、明らかにリア充ではない、生きづらさをこじらせている人が来るに決まっていることばかりをしていました。そういう人たちとだったら友達になれるという考えを、最初から持っていましたから。今だったらインターネットで集めればいいのかもしれませんが、私がそういうことを始めたのは九〇年代なかばでまだネットはなかった。でも今、ネットだと座間の事件（二〇一七年の「座間九遺体事件」のこと。当時二十七歳の青年が、ＳＮＳで知り合った自殺願望のある若者を次々に自宅に呼び込んで殺害したとされる事件）みたいなことになってしまうかもしれませんね……。

当時はチラシを書いて、それをコンビニでコピーして書店に置いて、「自殺未遂経験のある人来てください」みたいな感じで告知していたら、本当に来てくれた。そんなイベントをしていたわけですが、そういう人たちとはすごいわかり合えました。

今考えると、そこで成功体験があったからよかったんです。集まって来た人が、もし「いじめっ子」キャラで、バカにしに来たんだったらもう二度としないどころか立ち直れなかったでしょう。でも、幸い来てくれた数人が本当にガチの自殺未遂経験者という人だった。そしてなんで自分たちは生きづらくて、なぜ死にたいのか、こんな社会は素面では生きていけないみたいな話をして、それはそれは楽しくて、同時に衝撃でした。**こんなにわかりあえる人がこの世の中にいるんだ**って。しかも自分の辛さだけじゃなく、その背景にどんな社会的要因があるのか、そんなところにまで話が広がった。今思うと、ひきこもり系でいろいろ一人で考えてたような人たちだったんですけど、同世代にこんなに面白い人がいるんだってことは発見でしたね。

――デビューして三年目に、『EXIT』（新潮社、二〇〇三年）という小説を書いていらっしゃいます。

**雨宮**　あれを書いたのは二十代の後半でした。あれも死にたい人たちの話でしたね。

――一人称になっていますけど、クールな俯瞰する眼で書かれていて、おっしゃったような、どこか冷めているという印象がありました。たとえば台詞に「リスカ」という聞きなれない言葉

『EXIT』（新潮社）

などが出てくると、ちゃんとフォローするわけです。つまり、すぐ後のページに、その言葉が書いてあるメールをもらう場面があって、リスカがリストカットのことであると自然にわかる仕掛けになっている。これは読者のことをよほど考えないと出てこない設定やフレーズだと思いました。ですから、はじめから相当できあがっている書き手だなぁと。別に、編集者に言われてああしたわけじゃないのでしょう。

**雨宮**　それはなかったと思います。前のページも読者は当然わからないだろうという前提で書いていた。

――だから、読んでいて、まずわからないよと不満に思った。そのほとぼりが冷めないうちにカタルシスがきて、ああそうかと腑に落ちた。だから読み進ませる力があるんです。驚きました。一人称で私を語っていながら、実は明確に私を離れる瞬間がある。

## 対人関係の基礎に、「いじめ」の体験がある

――でも、そういう文体がしばらくすると変わってくる。具体的に言うと『生きさせろ！』や

『プレカリアート―デジタル日雇い世代の不安な生き方』(洋泉社新書y、二〇〇七年)といった、いわゆる弱者の仲間たちに対するアドバイス本で注目されるころからは、『なにもない旅なにもしない旅』(光文社知恵の森文庫、二〇一〇年)のようなあまり目立たないよき例外はありますが、基本的に雨宮さん独特の「自分語り」の文体から、比較的ニュートラルな情報提供が主体でいくぶん禁欲的な、いわば活動家としての文体に変わった印象があるんです。それが時代に沿って扱う素材を刻々と変えながら、今も続いている。ですから、ここらでかつての文体に一回戻って、語ってもらったら面白いんじゃないかと思うわけです。内容は、先ほども申し上げたように緩く「他人とのつきあい方」ということで、とりあえずは構わないので。

雨宮さんには弱者ゆえのしたたかさというか、押し込められていなかったら出てこなかった強さがあるのを感じます。だから、ほんとは弱者じゃないのかもしれない。学校の成績もよかったし、アトピーはあったかもしれないけど(『アトピーの女王』大田出版、二〇〇二年、現・光文社知恵の森文庫、参照)、能力的には、もしいじめがなかったら、何も考えずに、弱者と反対側のサイドに立つ可能性だってなかったとはいえないでしょう。それが弱者という立場を自分で選びなおし、決意して自分なりの幸せの尻尾をつかまえた。それも二十代そこそこで。それもすごいなと思う。

**雨宮**　普通の「リア充路線」では生きられないって、十代で自覚させられたことが大きいですね。

――デビュー前の鬱屈していた時期に、天野可淡《あまのかたん》さん(一九五三~一九九〇年、女性人形作家、球体関節人形の耽美表現で知られる)の作品に魅せられて人形を作る時期があるじゃないですか。それで、自分の人形作品の展示会を企画して一人でチラシを作り本屋に置いておくとか、行動がいちいち外に向かって広がっていく。

次は、仲間を発見してバンド活動。そこで、自分が追っかけをしていたころの記憶や経験が蘇ったりもして、外から見ると、やることとやったこと、やられることとやられたことが、他者を介して徐々につながり始めて、なんというか回転し始める。そうして摩擦エネルギーを含めて身体に貯まっていた正負両面の力を、根こそぎ人と一緒に使い始めたという感じがするんです。そういうことができる人は、あまりいない。原因はなんだと言われれば、いじめかなと思っちゃうんだけども。

**雨宮**　それが一番大きいです、自分の対人関係の基礎としていじめがあった。

## 「追っかけ」と「活動」を結ぶ裏技

**雨宮**　なので、さっき「他人とのつきあい方」と聞いた時に思ったのは、**学校では友達関係が目的化してしまいがち**で、友人関係の維持・発展・深化みたいな、より深めて、より維持して、よりわかり合おうみたいなことになってしまうということ。私はそれが目的だときつくてしょうがなかったので、学校から逃げて、ヴィジュアル系バンドの「追っかけ」になって、ライブハウス仲間の友達ができた。その友達は、バンドを追っかけるという目的がはっきりしているので、追っかけ仲間そのものにはあまり関心がないんです。自分と一緒に追っかけをする要員として必要としているだけで、学校よりはずっとドライ。同じ宗教の信者って感じです（笑）。で、教祖にキャッキャッしてるんだから楽しくないはずがない。ある意味、教祖の話ができるなら誰でもいいって感じです。

だから、なにか他にはっきりした目的があったら、友人関係そのものが目的化することはない。その関係がすごく心地よかったので、それ以降の自分の人間関係は、そこがポイントです。いまだったら、運動を一緒にやっている同志みたいな人たちは、これも相手にはあまり関心がない。と言うか、同じ目的のほうに向いていてお互いはあまり見ていない。この目的のためには、この人の性格が多少悪かろうがどうでもいいじゃないというふうになるので、相手に対して難癖をつけないというか。それは「追っかけ」で学んだことです。

なので、目的が一緒の人としか付き合わなくなると、とても楽になりました。でも、女性の中には、けっこう女友達に依存してくる人がいるので、そういう人からは秒で逃げるようにしています。人間関係を目的化している人、関係依存型の人って多いじゃないですか。それで束縛までしてくる。私は人間に依存しなくなったので、よかったと思っています。女性だと、近場ってことで男性依存に走る人も多いですが、私は一番依存したい時、人間じゃなくて右翼とか、イラクに行ってライブしてフセイン大統領の長男に会ったり、赤軍派議長に誘われて北朝鮮に行ってよど号グループと会ったりとか、そっちにいったので生きて帰ってこられた。まぁ、そっちのほうが死ぬ確率高いかもしれませんが、とにかく自分探しをするなら、ショボい形でしたくなかった。

うんと遠くまで行って、世界の不条理に巻き込まれるみたいな体験をしたかった。人間に依存するとろくなことがないし、それが男だったりすると最悪につまらない展開になるに決まっている。

早い時期、たぶん中学くらいの時に、身近な人間に期待するのを一切やめたのもよかったかもしれないですね。高校生で「追っかけ」をやっていた時は、やっと人間関係から解放されたという感じでした。「追っかけ」をしていれば、友達といろんな細かい誤差で張り合わなくていいとか、マウンティングしなくてもいいとか。いじめが発生するような人間関係は、もちろん「追っかけ」の中にもあるんですけど、学校に比べたら全然きつくない。そんなものはメンバーが目前に現れた瞬間に全部チャラになるので。

## 「ゴスロリ左翼」の秘密

――「ミニスカ右翼」とか「ゴスロリ左翼」とか、雨宮さんの自分の売り出し方ですね、あの辺の戦略性といいますか、世間に対する自分の見せ方について、あらためて思うところを言っていただけると……。当時は印象が強くて、わたしはこれは男気のある人だと思いました。とくに「ゴスロリ・ファッション」には、フェミニンだけどフェミニズムではなく、でも女性性で売っていくのとは反対の、ある種、潔よい戦闘性のようなものを感じたんです。それは、おっさん的な感じ方だったのかな？

**雨宮**　右翼の時は、自分から迷彩のミニスカートで街宣に出て、自ら「ミニスカ右翼」と名乗ってました。つけられたネーミングではなく、自分から言い出したんです。当時、「ミニスカポリス」というセクシー系アイドルグループが流行っていて、それにあやかった（笑）。今思うとフェミ的にありえないことですが、当時はおっさん雑誌の発想で自分をプロデュースしないと誰にも注目されないという変な強迫観念がありましたね。嫌な強迫観念ですね。それで、九九年に私が右翼団体を脱会するまでの半年間を追ったドキュメンタリー映画『新しい神様』が劇場公開され、それをきっかけに二〇〇〇年に本（『生き地獄天国』）を出してデビューとなるんですが、その時はまだ「ゴスロリ」ではなかった。

一冊目の本を出す直前まで、私はキャバクラで働いていました。キャバクラでは当然、セクハラに遭いまくる日々でしたが、本を出して「作家」という肩書きがつけば、もうセクハラには遭わなくなると思っていた。でも、それは甘かった。特にデビューしたての頃はまだ二十代だったからか、出版社の人にセクハラに遭い、それはそれはショックを受けました。もちろん一部の人だけで、ほとんどはマトモな人でしたが、私に著者として仕事を頼んでいるのに、セクハラ要員として扱う。それで、もう絶対セクハラされない格好にしようと思って、どんな服だったらされないか考えた。結局、セクハラする男性って、ステレオタイプな女性像にしかしない。その上、「え、そっち系にセクハラするの？　そういう趣味なの？」と思われることには異常に敏感な小心者。なので、軍服とかパンク系とかいろいろ考えたんですが、自分も好きだということで合致したのがゴスロリ、ロリータファッションでした。好きだから、着ていて嫌じゃないし、ゴスロりにセクハラする勇気ある猛者はいない。**セクハラ男は世間体男でもある**ので、「最大公約数が欲情しそう」な女性像以外に絡んでいく勇気などないわけです。彼らは「同性である男にどう見られるか」ばかり気にしているので。女性に「セクハラオヤジ」と思われても一向に構わないけど、同性に「あいつ、女の趣味悪くない？」と思われることには耐えられない。そんなセクハラオヤジの習性を利用してゴスロリを着たところ、思惑通り、セクハラには一切遭わなくなりました。

――自己主張というよりは、防衛的なものだった？

**雨宮**　いま思うと、あれは完全に武装だった。なので、最初はセクハラ対策でしたが、あれを着てると、キャッチセールスにも合わないし、宗教の勧誘もされないし、ナンパもなくなるし、もうあらゆる人を遠ざけることができるので、とても平穏なんですね。普通に歩いてて声をかけられることはまずない。そこもよかった。

――ゴスロリを着てから、出版界では、どういう扱いを受けたのですか。

**雨宮**　どうなんだろう、自分ではわかりませんが、普段からプライベートでも一瞬で「不思議ちゃん枠」に入れられるから楽と言えば楽でした。相手にされないし頼りにされないし、人としてカウントされない（笑）。で、挨拶したり敬語を使っただけで「見た目で誤解してたけどちゃんとした人だったんだ！」と感動される。第一印象が地に落ちているので、普通に振る舞うだけで好感度が上がり、便利といえば便利でした（笑）。

――何か攻撃的なニュアンスはあったのですか。

**雨宮**　防衛と同時に、攻撃でもあったかもしれません。あれをやるって、やっぱりものすごい勇気がいるので。絶対モテなくなるし、職種も限られるし。世の中に対する、何らかの異議申し立ての気持ちがないとできませんから。

――ああいう形で、俗世間の居心地の悪さを表現した作家はあまりいないのでは。

**雨宮**　男性作家ですけど、嶽本野ばらさんなんかは、『下妻物語』とか、まさにロリータファッションをテーマにした小説を書きつつ、自身もゴスっぽいファッションをしていましたね。

## 『生きさせろ！』まで

――『プレカリアート』とか『生きさせろ！』とか、あの辺からちょっとスタンスというのか、自分の作り方が変わってきたという感じに見えるんですけど、それは違うかな。

**雨宮**　それはもう、変わりましたね。特に〇七年に出した『生きさせろ！』は、自分の転機になった本です。

――見方によっては、それからずっと続く左翼的な言辞の真面目な本という評価があるでしょうけど、より本質的には「やさしい本」だと思います。だって、若い連中がちゃんと見えている。社会問題を扱う本には、あれだけ自分のからだで他人のことを感じた本は、絶無とは言いませんがなかなかないし、それが「ゴスロリ」のキャラクター作りにも、つながっているような気がす

『プレカリアート』(洋泉社新書ｙ)

る。

**雨宮**　デビューした二〇〇〇年から二〇〇六年まで、私は主に心の問題、個人的な生きづらさの問題について書いていました。いじめとかリストカットとか、自分の経験も含めて書きつつ、「死にたい」という人の取材もしていました。

**二〇〇〇年以降くらいから、生きづらさを抱える人たちの世界は激変しました。**ここまでも触れてきましたが、インターネットの登場によってです。自殺系サイト、自傷系サイトがたくさんできて、みんな生まれて初めて「自分以外でリストカットしてる人」「自分以外で死にたいと言ってる人」に出会ったんです。それは意気投合しますよね。当時は掲示板でみんながコミュニケーションをとっていました。そんなサイトに集う人たちで「オフ会」も開かれるようになりました。私もそんなオフ会によく行っていたんです。ただ、ネットを通して自分と同じ生きづらい人たちに出会って生きる方向に向かう人もいれば、一方で、より死に近づいてしまう人もいた。自分のアイデンティティが「死にたいこと」や「自傷行為」になってしまっていて、死にたい気持ちがより強くなっていって、自殺する人もいました。オーバードーズで意識がない間に吐瀉物が喉に詰まって窒息死するなど、自殺か事故かわからない死も多かった。

そんな彼ら彼女らと接する中で、私は自分も含め、生きづらさの問題をずーっと個人的な心の問題だと思っていたことに変化がおきました。あまりにも多くの若者が生きづらさを抱えていて、リストカットで心の痛みを身体の痛みに置き換えながらなんとか生きていて、そうして時に本当に自ら命を絶ってしまう。当時の私は二十代後半で、同世代の人たちがそんなふうに亡くなるたびに頭の中は「なんで?」という言葉でいっぱいでした。

そうして「死にたい」と言っていた彼ら彼女らの死にたい背景を見てみると、**構造的な問題**みたいなものがぼんやりと見えてきた。当時は九〇年代から続くバブル崩壊後の不況で、労働環境が一気に劣悪になっていた頃です。リストラで職場に残った正社員の仕事が倍になったり、雇用の調整弁として非正規雇用がどんどん増やされたり。だけど世の中的には「フリーターは怠けている」とかの言説ばかりで労働問題としてなどまったく認識されていない。当時は『ケータイを持ったサル――「人間らしさ」の崩壊』（正高信男、中央公論新社、二〇〇三年）などの若者バッシング本が売れたりしている状況でした。雇用がすごい勢いで破壊されているのに、若者たちが犠牲になっているのに、そのことはまったく理解されず、バッシングだけされる。当時のそんな空気は、確実に若者たちの生きづらさをより深くしていたと思います。

そんな彼ら彼女らも、二十代三十代だったので当然社会に出ている。だけど、就職氷河期でいい大学を出たのに一〇〇社に落ちるという経験をして根底から自信を失い、引きこもる人もいましたし、景気回復までのつもりでフリーターになったもののそこから抜け出せず悶々としている人もいた。正社員になった人も、過酷なノルマを課せられてそれを達成できないとものすごいパワハラを受けたり顔を靴で踏まれるような暴力が横行している職場もあった。

そんな若い人たちが鬱になったりして仕事を辞める。働けないと家賃が払えないから一人暮らしをやめて実家に帰る。でも実家に帰ったら、今度は実家で親にボロクソ言われるわけです。早く働けとか。いつまでダラダラしてるんだとか。当時はまだ鬱病への理解もあまりなかった頃なのでそんなの怠けて甘えているだけだとか、全然理解されない。

二〇〇〇年代の初頭は、そんな状況の友人知人がたくさんいました。そうして毎日顔を合わせれば文句しか言わない親との関係がムチャクチャ悪くなっていって、中には家庭内暴力に発展してしまうケースもありました。毎日、親と殺し合うぐらいの喧嘩をした果てに、親への当てつけみたいに自殺する人もいました。お葬式に出たこともありますが、本人はものすごい親を恨みながら死んでいった。でも、お葬式で娘に先立たれた親を見て、これって親子問題とか心の問題を超えてるんじゃないかって思いました。親だけが悪いわけじゃなくて、いろんな社会問題が家庭という地下に潜って親子が代理戦争させられているような。

そんなふうに、**二〇〇〇年代初頭は、普通に働いて普通に生きることがムチャクチャ難しくなりはじめていた頃**でした。自分もフリーターだったので、不安定さはよくわかる。じゃあ正社員はどうかっていうと、同世代の正社員なども、一日二十時間労働とか普通にやっていました。もう本当に、どんなに心身ともに健康な人でも、どんどん体も心も壊されていくみたいな状況。心を病む若者も当然増えていって、ある意味で心を病まないと労働市場から撤退できないみたいな、そういう感じにも見えました。病名がついたことで、「やっと休める」とほっとしている人もいた。でも、撤退して実家に戻ったら、親との関係がぐちゃぐちゃになって亡くなってしまう人も多くいた。

## 『生きさせろ!』という転機

**雨宮**　一方で、九〇年代後半から二〇〇〇年代にかけて、生きづらい人の間では「アダルトチルドレン」という言葉が流行っていました。アダルトチルドレンとは、虐待などのトラウマにより、さまざまな生きづらさを抱えている人たちを指す言葉です。機能不全家族で育った、というふうな言い方がされますが、「親が悪い」みたいな話が支配的だったので、私の周りの生きづらい人たちも、その原因を雇用環境や「普通に生きて普通に働く」ことが異常に難しい社会や異様に競争が激しい社会という問題に求めることは一切なく、とにかく「親がひどい」というストーリーの中にいた。

だけど、悪いのは親だけじゃないんじゃないかと思い始めていた時に、二〇〇六年にたまたま「フリーター全般労働組合」の「自由と生存のメーデー」に行ったんです。労組が何かもわからない状態でしたが、何か面白そうだった。自分が追っている問題と、何かつながりそうな予感があった。当時はまだ小泉政権。そのメーデーの集会では、社会学者の入江公康さんが講演されていて、それで問題が一気に整理されました。「自己責任」という言葉と新自由主義の関係や、新自由主義と自殺や心を病むこととの親和性に関する話だとか、若者がこれほど生きづらい背景にある雇用環境の破壊、あと、当時は「ネットカフェ難民」という言葉がまだなかったんですけど、**「都市が寄せ場化」している**ことを指摘されていた。日雇い派遣をしながらネットカフェに住んでる若年層が都市に現われていて、これは広義のホームレスではないかと。雇用が不安定化する中で、モザイク状に都市がスラム化しているという話もあった。

それまで自分がいろいろ疑問に思っていたことが全部繋がりました。それより少し前から、同世代がホームレス化しているのではないかということは感じていました。メーデーに行った前年の二〇〇五年にはＮＨＫで「フリーター漂流」という番組が放送され、請負という形で製造業で働く若い世代の蟻地獄のような状況を描くドキュメンタリーに衝撃を受けました。のちに鎌田慧さんの『自動車絶望工場　ある季節工の日記』（鎌田慧、現代詩出版会、一九七四年、現・講談社文庫）を読みましたが、そっちのほうがずっとましだと思うくらいに、非正規の若者が大変な状況に置かれていた。そのあと、『蟹工船』を読んで、そっちのほうが二十一世紀のフリーターの状況に近い気がして、それを高橋源一郎さんとの対談で話したら蟹工船ブームなるものが起きたんですが、二〇〇五年の「フリーター漂流」くらいから、フリーター問題には注目していました。

そうしたら、あるニュースが目につくようになってきたんです。二〇〇五〜〇六年くらいから、ネットカフェで無銭飲食して捕まる人の報道をちらほら見るようになりました。お金がないのにネットカフェに泊まり、出る時にそれが発覚して逮捕される、というパターンです。捕まるのは住所不定無職の二十代三十代男性。最初に知ったのは愛知県のケースだったと思います。大きな工場がある近くでそういうことが起きている。そうして逮捕された人の所持金は数十円から数百円。中には一カ月くらい滞在していた人もいる。働いてる人は早番遅番で交代するから、その人がずっといても、まさか一カ月もそこにいるとは思っていなかった。しかも逮捕された人の中には食事はまったく注文せず、一カ月滞在している人もいた。食べ物はどうしていたかというと、そのネットカフェには朝食のサービスがあった。パンとコーヒーは朝、無料で提供されてたんです。結局、その人は一カ月、一日一食のパンとコーヒーだけで過ごしたことになる。餓死してもおかしくないような状態です。そんな報道を見て、**「あ、フリーターのホームレス化が始まった」と直感**しました。

九〇年代までは、貧困が一部若者には広まっているのに「豊かな国で生きづらい私たち」というストーリーの中で生きていた。フェーズが完全に変わった瞬間でした。**「生きづらい上に、命に危険が及ぶほど貧困」というフェーズに入った。それが二〇〇六年頃**のことです。

友人の中に、新宿・歌舞伎町のネットカフェでバイトしている友達がいたのでどんな様子か聞いてみました。そうしたら、「うちの店でも餓死者が出たっておかしくない」とか、「ずっと住んでる人がいる」とか、そんな話をしていた。今でこそネットカフェ暮らしは当たり前のものになってしまっていますが、当時はまさかそこを住み処にしている人がいるなんて、という感じだった。また、体調不良で倒れる人もいて、救急車を呼んだこともあるとも言っていました。

何が起こってるんだろうと思いました。自分の周りで生きづらくて亡くなっていった人たちは親への恨みばかり語っていたけれど、何か社会の底が抜けるようなとんでもないことがじわじわと日本を蝕んでいる。

そんなことを考えていたので、メーデーに行ったことをきっかけに、バラバラに存在していた自分の疑問点が全部繋がった感じで、それで一気に書き上げたのが『生きさせろ！』です。

## 謝りながら死んでいく人たち

**雨宮**　周りで自ら命を絶った人たちは、遺書やネットで、本当に自分が生きていて申しわけないと謝りまくっていました。働くことのできない、役立たずの自分が生きていてごめんなさい、迷惑かけてすみません、というような。

そういう言葉を見て、ものすごい違和感を感じていました。そんなに謝る必要はないし、そもそも死ぬ必要なんかなかったのにって。迷惑だろうがなんだろうが、生きていてよかったのに、それを許さない社会だった。そして自殺未遂をしていた自分自身も、一歩間違えば彼女たちのように死んでいたかもしれないという思いがありました。そういう意味では『生きさせろ！』は怒りの書であり、葬いの書でした。

だって、本当にちょっと条件が違えば、生きられたと思うんです。

たとえばバブルの時だったら、少なくとも一〇〇社落ちて人格否定されたと感じることはなかったでしょう。それよりも、社会に大歓迎されながら社会人のスタートを切っていた可能性もある。でも不況に突入したというだけで、生まれた年が数年違っただけで、全人格を全方向から否定されるような思いをして、自分でも自分を否定して亡くなってしまった。**なんでこんなに人を生きさせない社会なんだろう**、という怒りです。

メーデーで講演を聞いて、その後、みんなでデモに出たんです。全部で二百人くらいでしたけど、原宿の街に出た途端、デモ隊の若い人たちが「生きさせろ！」と叫び出して、え‼と衝撃を受けました。当時はまだ格差社会なんて言われていなくて、逆に戦後最長の好景気と言われていた頃。小泉政権の二〇〇六年当時には、まだ全然問題は認識されていなかった。

でも、みんなは「月収十二万では生きていけない」とか、「こんな収入じゃ結婚もできない」「子育てなんか考えることもできない」、そういうことをデモで言い出して、すごくびっくりしました。このメーデーに参加した九カ月後に『生きさせろ！』が出るんですが、タイトルはこのデモでみんなが自然発生的に叫んでいた言葉そのままなんです。

ただ、世界的に若者の貧困、格差が問題となり、ムーブメントが生まれていることは知っていました。その前の年の二〇〇五年には、フランスで「ＣＰＥ」、日本語で「初期雇用契約」という法案が通りそうになり、巨大デモが起きて撤回させるということがありました。法案の内容は、二十六歳以下の労働者はいつでもクビにできるというものです。これには若者だけでなく全世代が怒り、百万人規模のデモが起きてひっくり返した。

こういった現象を、世界共通の新自由主義のもとでの格差、貧困の深刻化だと知らしめたのが「**プレカリアート**」という言葉です。

不安定なプロレタリアートという意味の造語で、二〇〇二年にイタリアの路上に落書きされたと聞いています。定義は、新自由主義のもと、生活や職を不安定さにさらされる人々。非正規もそうですが、正社員だって安泰ではありません。一一年にオキュパイ・ウォール・ストリートの時に掲げられた「九九％」とニュアンス的にはイコールだと思います。

なぜ、そんな言葉がイタリアに落書きされたのか。

二〇〇〇年代から、イタリアでは若い世代が「一〇〇〇ユーロ世代」と呼ばれるようになっていました。大学を出ても派遣の仕事しかなく、平均月収が一〇〇〇ユーロくらいだということで名付けられたのです。スペインでは八〇〇ユーロ世代、ギリシャだと六〇〇ユーロ世代という言葉が生まれていました。同じころ、韓国では『八八万ウォン世代』という本がベストセラーになりました。大学を出ても非正規しか職がない二十代を指した言葉です。その平均月収が八八万ウォン。八万円ほどです。

韓国は、九七年のＩＭＦ危機以来、すごいスピードで格差が拡大し、非正規が増え、日本の非正規雇用率四割に対して韓国は六割を超えています。特に若い世代ほど非正規が多い。受験戦争が大変なのに、いい大学を出ても非正規しか職がない。

そんな中、二〇〇七年には朝日新聞が、当時の二十五〜三十五歳を**「ロストジェネレーション」＝「ロスジェネ」**と名付けました。

朝日新聞の定義では、「さまよえる世代の略。バブル崩壊後の就職氷河期に新卒者となった世代で、フリーター、派遣労働者、引きこもりなどの総称としても使われる。正規雇用の道を断たれることが多く、格差社会や貧困の体現者ともされる」とあります。ほんと、散々な世代ですね……。

でも、日本でも若年層に名前がついたわけです。イタリアや韓国と同じように。このプレカリアートという言葉によって、貧困や格差や非正規化は「自己責任」「本人の努力不足ややる気」の問題ではなく、グローバル経済の問題、新自由主義経済のもと、先進国で共通している問題だということを示せるようになりました。

## バラバラだったものが、みるみるつながった

**雨宮**　なので、今の活動につながるすべては自分の周りで生きづらい友人たちが死んでいったというのが入口でしたね。この人たち、なんで死ななきゃいけなかったのか、どうして生きられなかったんだろうって。
——そこでバラバラだったものがつながって、あるイメージに結実したのは大きいですね。雨宮

さんにとっても大きいですが、それ以降の若い人たちや少なからぬ大人たちにとっても、大きな覚醒だった。

**雨宮**　そうだと嬉しいです。「ニート」という言葉が出てきたのが二〇〇四年頃でしたが、働かず、就学せず、求職活動をしていない若者を指すこの言葉は、「叩き直すべき若者像」という感じで社会から憎悪の対象にすらなりました。そんな状況に異を唱えて二〇〇六年に出されたのが本田由紀さんたちの『ニートって言うな！』（本田由紀・内藤朝雄・後藤和智、光文社新書）です。そんな二〇〇〇年代初頭は、国によって「若者の人間力を高める国民運動」が推進されてもいました。このネーミングからもわかるように、**若者を取り巻く非正規雇用などの問題が、若者の「人間力」の問題にすり替えられていた**。財界が望んで政治がそれに答えた結果、労働法制の規制緩和がなされたからこそ非正規労働が若者に広がっていったという経緯があるのに、それをまったく無視して「人間力」さえあれば正社員になれるような誤解を与えるネーミングだったと思います。よって当時は、フリーターは労働問題ではなく、若者の心理問題として分析されていました。「モラトリアム型」とか、「夢追い型」とか、「自分探し型」とか……。九〇年代、自分自身がフリーターだった頃には雑誌でフリーターのことが「**夢見る使い捨て労働力**」と書かれていて、なんだか死にたくなりました。とても差別的な言い方だと思います。そうして二〇〇〇年代になっても、労働の非正規化ではなく、若者の気分の問題として語られていた。当時の自分を振り返れば、「自分探し」とか「モラトリアム」という感覚はあるにはあったけれど、大前提としてはバブルが崩壊してフリーターにしかなれなかったという現実を自分たちは共有していた。でも、少し上の安定層には、そういう私たちの現実はまったく見えていなかったんです。

——九五年でしたっけ、経団連（当時の日経連）が、「新時代の『日本的経営』」だったか、確か文書のなかで、労働者を「長期蓄積能力型」、「高度専門能力活用型」、「雇用柔軟型」の三グループに分けるべきだという、今考えると由々しい提言をしましたよね。このうち、後の二つは非正規雇用が増える原因になった。この年は「Windows95」が出て、オフィスにパソコンが普及する分水嶺になった年で、「情報管理」と悪しき「人事管理」の時代が同時に来たと、年の初めにオウムの地下鉄サリン事件があったこともあって、時代が変わりつつある印象を強く持った覚えがあります。それが十年たって実体的に社会のなかではっきり見えてきた。フリーターがかっこいいと思っていた時代の残滓みたいなものもまだあったから、当時の世の中はうまくごまかせたかもしれないけれど。

**雨宮**　自分で選ぶ自分の人生みたいな。あえて正社員を選ばずみたいなね。

——気がつくと、社会という他者と剝き出しでつきあうことになっていたという感じですね。心の闇だと思っていたことが、探ってみたら社会の闇とつながっていたということですから。そうすると社会と性根を据えてつきあわなきゃいけないし、そのためにどういうつながり方をしようかというときに、雨宮さんは闘う方向を選んだ。世の中には闘いを選べない人、選ばない人が多いわけですが、戦うのはしんどくなかったですか。

**雨宮**　いえ、当事者の多くは弱りきって戦えないし、すでに死んじゃっている人も多いので、ちょっと変ですけどその仇をとりたいみたいな、そういう感じがありました。**弔い合戦**のような感覚です。

## マイナスをプラスに転じるオセロ的な人生

――処女作のタイトル『生き地獄天国』で、「天国」をつけたのは誰のアイデアなんですか。

**雨宮**　タイトルは編集者と一緒に考えました。最初はタイトルを決めずにいたんですけど。書き終わってから、このタイトルに落ち着きました。

――『新しい神様』のラストに、この映画を撮って感じたこととか、右翼をやめて感じたこと、それに右翼をやめて開いたライブコンサートが成功したこと。そんなことをコンサート帰りに歩きながら、土屋監督と当時の仲間だった男の子と三人で「これでいい」と肯定的に話す場面があります。気負わず自然だし、緩くてとてもいいシーンですが、あれなども『生き地獄天国』の構想と関係があるのでしょうか。

**雨宮**　映画は監督の作品なので、本とはそれほど関係がないですね。あれを書いたのは二十五歳の時で、いじめの体験がいろいろ残っている前半部はかなり生き地獄度が高いですが、生きづらさに開きなおってからは、天国ではないけれど、まあ「これでよし」ということも多くなってきていました。

トピックごとのタイトル部に、その時の天国度と地獄度を「依存度」「燃焼度」「孤独度」「自傷度」の四項目十段階にわけて表わすチャートをつけたことも関係ありますね。九〇年代後半にはああいうのが流行ってたんです。この天国地獄度のチャートがあったから、『生き地獄天国』になったのかな。

――地獄も天国にしちゃえっていうところが雨宮さんの切なくも面白いところですね。この本の四、五冊後に出た『すごい生き方』（サンクチュアリ出版、二〇〇六年）では、最初の見開きから順に二頁に一言ずつ「いじめられてよかった。」「リストカットをしてよかった。」「自殺未遂でオーバードーズで胃洗浄でよかった。」「生づらさ万歳！」と書いてあって、最後の見開きを「すべては私が生きるために必要なことだった。」で締めて、目次に続く体裁になっている。あの工夫は執筆者のものではないのかもしれませんが、そういう工夫や言い方やレトリックを可能にする資質が若いころからあったんだろうなっていう感じがします。

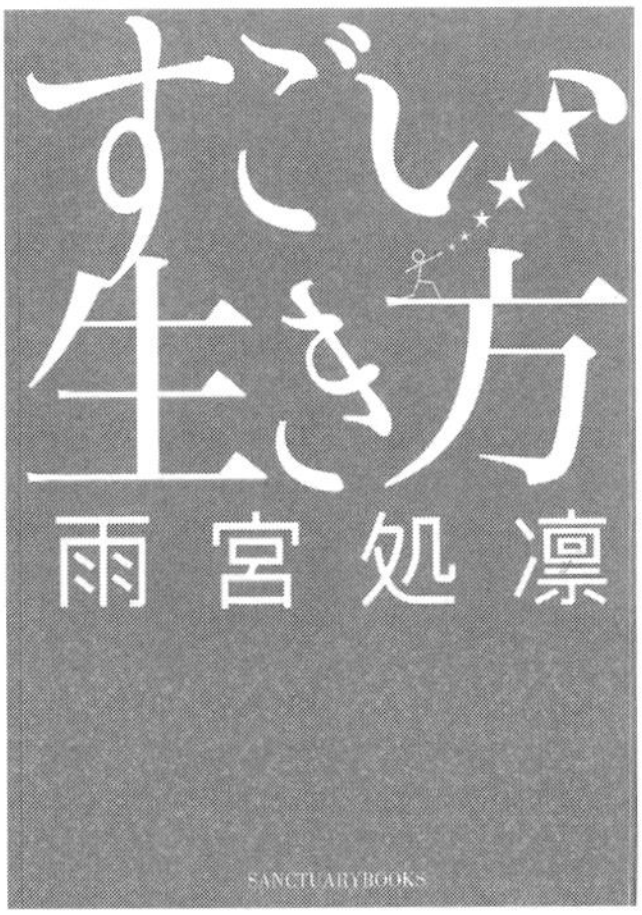

『すごい生き方』（サンクチュアリ出版）

『生き地獄天国』に話を戻せば、エスカレートするいじめのエピソードにあるように、いよいよ同級生に上半身を裸にされてなぶられるまでいったときに、ふっと気が抜けてしまうような世界のタガを外すような、ある種のしたたかさと、自分を俯瞰的に見る目が、いじめがあったから気づいたにせよ、雨宮さんにはもともと備わっていた。これは、そういう法外な自分を自覚するまでの過程を書いた本としても読める、いわゆるブランドとしての「雨宮処凛」ができあがる前の自分を表現した見事な作品だと思います。

**雨宮**　この本で、初めてたくさん文章を書きました。一冊目だし、文章自体書いたことがなかったんですが。でも、これを書いたことは、かなり自己カウンセリングになりました。振り返って見つめ直して、自分で自分を治療したというか。プラス自分を丸ごと肯定しないと生きていけないと思ったから、いじめとかそういうこと全部を、ある意味ネタにできたというか。嫌な経験をしたことをマイナスだけに留めておくのが耐え難く嫌だったので、絶対にプラスにしてやろうと思っていました。十代後半くらい、大槻ケンヂさんの本を読んだ時くらいから。それをちゃんとプラスにできた最初の一冊だったので、すごい癒しでもあったし、してやったり感がありました。ざまあみろって。**マイナスをプラスに転化させて生きていくしかない**んだなって思っていて、そうしたかったんですけど、それまではそうする手段がなかった。それがやっとできたという感じでした。

## 自分は「からっぽ」がいい

――なるほど……。そういう意味で印象的なのは、「自分には何もない」と『新しい神様』のさっきのシーン近くで何気なく呟く場面です。「生き地獄」を経て、ある程度の「天国」がアクロバティックだったにせよ見え出した時に、私は「空っぽだ」と言い放つ。あの時点で「私」へのこだわりをなくしちゃったことについて、何か教えてもらえませんか。

**雨宮**　自分には何もない、空っぽだと思ったのは、それまでの私はもう「自分」にこだわりすぎて**「自分病」みたいな感じ**で自家中毒を起こしていた状態で、そこから少し離れることができた瞬間、その言葉が出てきた。ちょっと違う境地に行けた。よくよく考えたら別にこだわるべき自分なんてないというか、ないことにしたほうがよほど楽だった。それは、**生きづらさをこじらせた果てに、ようやく辿り着いた境地**でした。だから、ある意味では開き直りです。そこから自分病が少しずつ治り始めた気がします。

いじめ自体は中学生の時のことだったので、ちょうど自我の芽生える時期ですから、「私」を考えることはあったかもしれないですけど、いじめの前は全然考えていなかったです。自分の立ち位置をすごく意識するようになったのはいじめがあってからです。前にも言いましたが、自分をいじめた人を否定したくて、田舎のヤンキー的な「あいつら」が好きなものも含めて、全否定することでなんとか生きてきた。それが自分の中での大きなこだわりになってしまった。メインカルチャーやメインストリームには絶対いけない、リア充にはなれない、幸せになっちゃいけない、リア充っぽい振る舞いをしちゃいけない、という呪いをずっと自分にかけていたようなものです。

ただ同時に、いじめられる原因が自分にあったと思いたくないので、中学くらいから教育問題には関心を持つようになりました。思春期の同世代の同質集団を数十人集めて教室に閉じ込めて競争させたら、そりゃいじめが生まれて当然じゃないか、というふうにも考えるようになり、そこから「教育とは」「競争とは」「人間を管理するシステムとは」など、いろんなことを考えました。今思うとゾッとしますが、私の通った中学校の標語みたいなもの、学校に一番デカデカと掲げてある言葉は「無言、敏速、整然」だったんです。調べると、避難訓練の標語の言葉らしいですが、私の中学校ではすべての行動規範として、毎日強調されていました。そんなふうにガチガチに管理されたうえで校則で縛られて競わされたうえに未来を人質にされる中で、いじめが起きないほうがおかしいと、高校生くらいから考えるようになっていました。いじめがなかったらそもそもいろんなことを考えたりしなかった。そういう意味では、いじめがあったからこそ、考えざるをえなかったことが今の自分を作ったとも言えますね。

# 第三章　雨宮処凛の実践

## 「#MeToo」という希望

――最近、フェミニズム関係の本が二冊続けて出ましたね。

**雨宮**　『「女子」という呪い』（集英社）が一八年四月に、五月には非正規雇用で単身のアラフォー女性八人ほどに取材した『非正規・単身・アラフォー女性　「失われた」世代の絶望と希望』（光文社新書）が出ました。

――フェミニズム、フェミニストということでいうと、二〇一七年は上野千鶴子さんと『世代の痛み　団塊ジュニアから団塊への質問状』（中公新書、二〇一七年）という対談が出ていますが、フェミニズムに関しては、どう考えていらっしゃいましたか。

**雨宮**　絶対言っちゃいけない言葉というか、禁句だと思っていました。フェミニストと言ったら、

「ブス・ババア」と言われるという謎の恐怖がありました。思えば私の世代は思春期頃に田嶋陽子さんがテレビで吊し上げられるのを見ている世代です。そういうテレビを見て、親戚のおじさんなんかも「あんな女にだけはなっちゃダメだぞ」なんて言っていた。だからフェミニストだなんて絶対自称しちゃいけないし、「女性の権利」などと言った瞬間に、もうゴミ以下の扱いを受けるみたいな、そういう恐怖がありました。

――では、フェミニストの方とはつき合いがなかった?

**雨宮**　なかったです。もう日本では死に絶えたと思っていました。田嶋陽子さんしか残ってないから、最後の一人を絶滅させるためにあれだけ男性たちがひどい目にあわせてるんだと思ってました（笑）。

――最近、フェミニスト的な言説が復活していますよね。それについてはどうですか。

**雨宮**　一七年からの「＃ＭｅＴｏｏ」ムーブメントにはすごく勇気をもらっています。私自身もこの四、五年は、「イミダス」の「生きづらい女子たちへ」という連載で、かなりフェミやジェンダーについて、踏み込んだことを書くようになっていました。それをまとめたのが『「女子」という呪い』なんです。この本では、これまであまり書いてこなかったジェンダー問題について相当書いている。批判も受けたけど、やっぱり女性からの共感の声がすごく大きくて、それでどんどん書くようになっていきました。

「＃ＭｅＴｏｏ」以前から、世界的にはいろんな動きが始まっていましたね。今、韓国ではフェミニズムは驚くほど盛り上がっていますが、きっかけのひとつは二〇一六年に起きたミソジニー殺人事件（「ミソジニー」は、「女性嫌悪」を意味する）です。ソウルの江南《カンナム》駅近くのビルのトイレで、「女だから」という理由だけで二十代の女性が三十代の男性に殺されたという事件です。犯人は、「女性に無視されたから」と供述しました。女だからという理由だけで殺される。これに韓国の女性たちは「他人事じゃない」と立ち上がった。

その前年の一五年、韓国でＭＥＲＳ（中東呼吸器症候群）という感染症が流行ったこともひとつのきっかけになりました。ＭＥＲＳに罹っている可能性がある女性たちに隔離要求をしたのに断られたというデマが広がり、韓国の女性たちがものすごいバッシングを受けたんです。「韓国の女はバカだから外国でＭＥＲＳにかかってそれを広めるんだ」というような言いがかりです。そんなバッシングが、ネット上で広まった。そこで韓国のフェミニストたちがいちいち言い返していったんです。「ミラーリング」というやり方で。鏡に映すように、男性たちが言っている罵詈雑言を、そのまま性別を変えて言い返した。「女は○○だからダメ」と言われたら「男は△△だからダメ」と返し、会社内で女性社員の胸の大きさをランキングするようなセクハラに対しては、男性に

『「女子」という呪い』（集英社）

もランキングをつけるという方法でやり返すようなやり方です。これまで女性がされてきたこと、言われてきたことをすべて男性に投げ返したんです。そういう中で、どんどんフェミニズムが盛り上がっていった。

韓国ではミソジニー殺人事件があった一六年末から朴槿恵退陣を求めるろうそくデモが起こり、述べ一〇〇〇万人以上が参加して、翌年には政権交代が起こっています。数カ月間続いたろうそくデモの現場ではフェミニズムも大きなテーマとなったそうです。そんなろうそくデモの現場にはロリータファッションに身を包んだフェミニストたちの「ロリータ・パンチ」というグループも登場したんですが、彼女たちは「ロリータ、ゴスロリでデモをする日本の雨宮処凛に影響を受けた」と言っていて、一七年には彼女たちに会いに韓国に行き、以来、ロリータファッションに身を包んだ韓国のフェミニストたちと交流を続けています。

韓国以外に目を向けると、「#ＭｅＴｏｏ」以前の話としては、ナイジェリアのチママンダ・ンゴズィ・アディーチェという作家の「ＴＥＤ」(Technology Entertainment Design は、ニューヨークに本部がある非営利団体。毎年大規模な世界的講演会「TED Conference」を主催している)でのスピーチがすごい反響を呼んだということがありました。一二年のことです。フェミニズムをテーマにしたスピーチだったのですが、それが話題となり、ディオールは一六年のパリコレで「We Should All Feminists」というロゴのTシャツを作り、スウェーデン政府はこのスピーチを冊子にして、すべての十六歳の子どもに配布しました。また、ビヨンセは「Flawless」という曲でスピーチを引用しています。イントロには「フェミニストは、すべての性の社会的、政治的、経済的平等を信じる人のこと」と出てきます。ビヨンセが歌詞に取り入れた部分は、「大志を抱いてもいいけど、たいがいにしたほうがいい。成功を目指してもいいけど、あまり成功しすぎると男の立場を脅かすことになるから気をつけて」という部分。このスピーチは『男も女もみんなフェミニストでなきゃ』というタイトルで、一七年、日本でも河出書房新社から出版されています。世界二十七カ国で刊行されているそうです。

そんなふうに、じわじわですが世界のあちこちで動きはあった。それがやっと「#ＭｅＴｏｏ」になったのだと思います。

ただ、最近まで日本はまったく無風みたいな感じがありました。でも、ブロガーの「はあちゅう」さんや、最近では『DAYS JAPAN』誌の元編集長・広河隆一氏に被害を受けた女性たちが、次々と声を上げ始めた。その先陣を切ったのは、伊藤詩織さんですね。声を上げてくれた女性たちには、その勇気に対して敬意を持っています。やはり、バッシングへの恐怖は大きかったと思うので。ただ、今、確実に時代は変わった。声をあげる女性に連帯する女性たちが多くいる。「#ＭｅＴｏｏ」ムーブメントはハリウッドの映画プロデューサー、ワインスタイン氏の立場を利用したハラスメントの告発から始まりましたが、そういう世界でセクハラがあるって、ある意味で誰でも知っていたような話じゃないですか。時々話題になって、だけど声を上げた人が潰される、というようなことが繰り返されてきた。でも、**今やっとこれをちゃんと問題にして言って**

**いいんだって認識されるようになった**し、当たり前のことを言ったら、ちゃんと加害者が制裁を受けたり、被害者の言い分が受け入れられたりする。このことはすごく大きいと思います。「どうせお前が嘘ついているんだろ」とか、あるいは「よくある話じゃないか」「犬に噛まれたと思って我慢しろ」という感じで終わらせられてきた。今までずっと。だけどやっと、潮目が変わった。いろいろなケースがあるとは思いますけど、言ったらちゃんと通ることもある。そのことに、大きな勇気をもらいました。

## 「#MeToo」と「揺り戻し」

――その一方で、アメリカではトランプが出てきましたよね。俳優で映画監督のクリント・イーストウッドが、トランプが出てきたのはポリティカルコレクトネス（PC）と言いすぎたからだというようなことを言いました。だから、アメリカの大統領が変わっちゃうくらいの風を吹かせる、PCとは逆向きの力もまだ強くある。そこは気をつけないといけない。

**雨宮**　「#MeToo」が話題になってから、今まではそんな話をしたことない女友達と、初めてセクハラの話をしたりだとか、そういうことがある一方で、「あんなことをやってる女こそ加害性を理解していない」「ヒステリックすぎて怖い」という男性の意見を聞くこともあります。女性の中にも、「なんでもかんでもセクハラってなって男の人がかわいそう」という感じで言葉狩りみたいに受け止めている人もいるので、いい面もあるけれど、一方ではそれの揺り戻しといいますか、社会が窮屈になるじゃないかとか……、あと、「男は女を口説く権利がある」と言ったフランスの女優さんたちもいましたね。

——カトリーヌ・ドヌーブやブリジット・バルドーですね。

**雨宮** もちろんそういう意見が出るのもわかります。ただ、今まであまりにも「女性が被害を受けずにいられる権利」が侵害されてきたという歴史もある。

——日本でも、だんだん出てきていますよね。

**雨宮** 一八年には、アラーキーの件もありましたよね。モデルだった女性に告発された。

——いままでは、ああいうことは一切言われていなかった。

**雨宮** おそらく言っても黙殺されてきたんだと思います。「私小説」のように、「私」とつければ何でも通るみたいなところが表現者にはありますから。そういう意味で、もっと出てくるかもしれないですよね。

——膿を出すしかない?

**雨宮** そうだと思います。でも、いわゆる「#ＭｅＴｏｏ」全体の流れとか、たぶんアラーキーの件でもそうですけど、**復讐したいわけじゃないし、貶めたいわけでもない、ということは言っておきたい**。伊藤詩織さんも、復讐とかではなくて、この国の司法が機能しているかどうかをちゃんと確認したい、ということを強調していますよね。

アンチ「#ＭｅＴｏｏ」の人たちは、ヒステリックな女たちが一人の男を吊るし上げて社会的に抹殺しようとしてるぐらいな、私刑というか、そういう感じの危険思想を持った女たちみたいな感じで見ている節もあるので、そういうふうに取られちゃうのは不本意だと思います。

だってこれは個人だけの問題じゃなくて、アラーキーの場合も、モデルに対するああいったやり方が当たり前という感覚を作り上げてきた業界全体の問題であるとも言えるわけですよね。それほど、本人が神様みたいに祭り上げられてきた。「あいつがセクハラした、追放しろ」みたいなことではなくて、もっと業界全体の話として考えていくというふうになればいいなと思います。いまの状況だと、日本でも海外でも告発された人がものすごいバッシングを浴びて社会的生命を失うような事態になっていますけれども、そういった「祭り」のような感じには違和感があります。それよりも、必要があれば加害者プログラムを受けたり、セックス依存症の可能性があるなら治療を受けるなど、そういう方向にいってほしい。

## アラーキーをどう見るか

――「栓」を塞いだら心ならずも貯まっちゃう汚れも出てくるわけで、言い方は悪いですがその汚れを綺麗にする安全弁の役目をするものは、いつも必要だと思うんです。法律論だけではなくてね。たとえば、雨宮さんみたいな人が、玉虫色というわけではなくいまのようなマイルドな発言をすることの効用は相当大きいと思う。「#ＭｅＴｏｏ」は狭いな、窮屈だなという警戒心が多くの人にあるから、言うことは正しいけど、そんなに正しいことを言い募られたらたまらないというのが、大方の本音かもしれない。雨宮さんの持つ緩さが、そういう全体の空気を、雨宮さんの望む方向に導くといいと思います。

**雨宮**　今、名前の出た人は、全員社会的な制裁を受けていますよね。だから済まされるということではまったくありませんが、アラーキーのことだけ取っても、急に「アラーキーの写真なんかもとから大嫌いだった」って言い出す人がいたり、「あれは差別の表現だ」とか言い出す人もいる。そんなこと、これまでは一言も言ってこなかった人たちがです。なんか「全員で袋叩きにしてもいい人」が設定されると、面白がって祭りに参加する人もいるので、そういうところはすごく怖い。そういう勢いって、人を殺してしまうくらいの力を持っているので。**そう、私は死者が出るのが怖いんです。**

――みんなも自己防衛のために、アラーキーは使わない。そういう空気になっちゃう。

**雨宮**　もう誰も使わないでしょうね。

――セックスは、プライベートの領域を作らないと、やっぱりなかなか成り立たない世界です。古い言い方を使えば対幻想とでもいうか。しかし、そのプライベートな領域を作らないままで、男のほうから一方的に象徴的な疑似セックスをしちゃうことがある。半分パブリックで曖昧に許された場所で。そして女にはそういう場所がないとなると、こんな不均衡はないです。片方だけが許される場所があることが、他方のぎりぎりの自尊心や、生きることの自由そのものにかかわってくる。それを問題にしなくちゃいけない。アラーキーは残念ながらスタッフもろとも、そこを無視していたところがあったと思います。雨宮さんの目でみると、アラーキーの写真はどうですか。

**雨宮**　全体のお仕事ぶりをあんまり詳しく知らないので……。ただ、あの告発が一年前だったらとか、五年前だったらとか考えると、やっぱり時代は変わったんだなと思います。十年前だったら誰も告発を相手にしなかった可能性があるし、逆にモデルの女性がものすごく傷つく結果になっていたのではと思います。自己責任だろうとか、好きでやってたんだろうとか、おまえには下心があって有名になりたいと思ってたんだろうとか、売名のための告発か、とか言われて。そういう意味ではやっぱり変わってきていますね。

――好きでやったんだろうというのは、今や失効した男の旧来の言い方です。自己責任というのも、その果てに出てくる、ほとんど実のない言葉ですよね。

## 『井島ちづるはなぜ死んだか』

**雨宮**　アラーキーを告発した女性がどんな方か、詳しい背景はわかりませんが、デビュー前、私が何者かになろうともがいていた頃、同じように何者かになろうともがいている女性たちが周りにいて、その中には、脱いでもいいから注目されたい、ＡＶ出てもいいから自分を認めてほしい、というような人もいました。

　私の場合は脱ぎではなく、右翼に入ったりとかそういうことがきっかけで作家デビューしましたが、ちょっと違っていたら、同じような方向にいっていたかもしれないという思いはずっとあります。

そんなことを『「女子」という呪い』で書きました。「AVで処女喪失したあの子の死」という章があるんですけど、当時の知人が二十七歳で亡くなっているんです。私より三歳年上で、同じ北海道出身で、上京して、バイトをしながら何者かになりたくてもがいていた女性です。彼女が亡くなったあとに『井島ちづるはなぜ死んだか』（大橋由美、河出書房新社、二〇〇二年）という本が出たんですけど、その本の帯には「宅八郎の妹、鈴木邦男の娘、雨宮処凜のライバル」という言葉が書かれました。

彼女も生きづらさをいろいろこじらせている人で、たぶん私と同じように「何者かにならなきゃ生きられない」という思いを抱えてたんだと思います。マイナスをプラスにしないと生きていけないというような。そんな彼女はAVで処女を喪失した、ということで当時サブカル界隈では少し注目されて、それをきっかけにライターとなり、本を出したりもしていました。「AVで処女を喪失するという伝説を自分で作ってライターになった」って経歴自体が私にとっては自傷行為にしか思えないんですが、九〇年代後半の数年間、ライターとして活動していました。でも、みんなライターとしてなんか見ていなくて、「何でもするAV女優」という扱いで、しょっちゅう「ロフトプラスワン」の舞台に上げられては半裸にされて男性客にいろんなことをさせられる――まぁいわゆる性的サービスです。当時のロフトプラスワンは本当に「なんでもあり」がウリだったので、そういうことも許されていたんです——そんなひどい扱いを受けてました。私もロフトプラスワンに客としてよく行っていたので、彼女のそんな姿をよく見ていました。そうして九八年、私は自殺未遂の本を出すという彼女に、自殺未遂者の一人として取材を受けています。その頃の私はただのフリーターで、彼女は私にとっては「有名人」。彼女の家で取材を受けて、そのあともだらだらおしゃべりして、ちゃんと話したのはその一日だけだったんですが、その翌年、彼女は自宅で遺体で発見されました。死因は、今となってもよくわかりません。ただ、死にたがってる人だったし、ＡＶで処女を喪失してからは、彼女はずーっといろんな人に消費されて傷つけられまくっていたと思います。

そんな彼女が好きだったかと言えば、私は嫌いでした。自分とあまりにも似ていたからです。まだデビュー前で何者かになりたくて、だけど何をしていいのかわからなくて右翼に入ったり自殺未遂イベントをしたりしていた私にとって、彼女の存在は脅威そのものでした。「何者か」になるためには、ここまで身体を張らなくてはいけないのか、ここまでしなきゃダメなのかって思わせる存在だったからです。

だけど彼女が「犠牲者」で「被害者」だったかというと、そういう側面もあるかもしれないけれど、それだけではない。彼女は彼女で、身体を張って手に入れたライターの仕事に誇りを持っていたし、文章もうまかった。一冊だけ『恋ができない!!』（太田出版、一九九八年）という本を出しているんですが、生き生きして書いている様子が伝わってくる。私、書店で買いましたもん。

同じ北海道から出てきて、私より先に「デビュー」した彼女に、私は勝手に嫉妬してました。だから**表現の世界と「#MeToo」的な問題は語り方が難しい**ですね。純粋な被害者になった途端にとりこぼされるものが出てくる。だからといって、いろんな問題がうやむやにされるのは嫌だし。

——井島さんは過剰適応したんでしょうね、かつての社会に。過剰適応した結果、もて遊ばれ尽くした。自己決定したと言われるかもしれないけど、ある意味では世間の奴隷だったような気がします。その縛りの中で自己表現もして生きていた……。

**雨宮**　そうですね。それはもう、本人がいない今となっては本当にわからない。生きていたとしても、その時のいろんな環境や論調、あるいはフェミニズムを知ったり、もしくはそれに嫌悪感を感じたりということで違ってくるものだと思います。

## 正義の息苦しさが溶ける日を待つ

——岡崎京子（漫画家。一九八〇年代から九〇年代にかけて、多くの優れた作品を発表。時代を代表する漫画家として知られた）については書いてらっしゃいますか。

**雨宮**　そんなに書いてないです。

——岡崎京子作品の主人公の女の子たちは、もう少し強いですね。セックスでも、むしろ男の子のほうが線が細い感じです。あれは過剰適応して性を売ることになった人たちとは、違うんでしょうね。『ピンク』（マガジンハウス、一九八九年）の主人公なんかは性を超えちゃったというか、中性的な感じさえします。むしろ男気があるというか。

それにしても性は難しい。私はこの年になって、空気が合えばお別れの時に、バイバイという感じで手を伸ばして握手することがわりとあったんです。でも最近、それは駄目よという感じで、ぴしゃりと閉じられることがあった。その時は、かえって自分の性を意識しました。幻想かも知れないけれど、性的にわりにニュートラルなつもりでいたので、わかってもらえないと思ってショックでした。この窮屈さは、いまは仕方ないのかな。

**雨宮**　窮屈というか、若い人こそハラスメントにならないようにとか非常に意識していて大変そうだなと思うことがあります。この前、男子大学生から「痴漢に間違えられたらどうしよう」とすごく気にしていることを聞きました。だから絶対に満員電車ではつり革に両手でつかまる。とにかく性犯罪者に間違えられないことに命がけというか。彼なんかはデモに行くようなタイプだから、そういう自分が女性のトラブルなんかを起こしたら、もう何を言われるかわからないということをよくわかっている。若くて、いわゆる「意識高い系」で、政治などに関心があればある人ほど、絶対下手なことはできないですよね。シールズが出てきた時も散々叩かれましたが、何かボロが出ないか、ネットの人々はものすごい監視をしている。だけど人間だからいろいろあるに決まってる。シールズではないですが、若い活動家で、元カノとも関係が悪くならないようにいい関係を作る努力をしているという話を聞いて「活動家がそこまで気にしないといけない時代なのか」と驚いたことがあります。二十歳そこそこで、そこまで全人格的に、元カノまで含めて一人も傷つけない生き方をするなんて無理だと思うので、**大変だろうなと思います。失敗ができないんだから**。

――デオドラント文化の弊害もあるのでしょうか。清潔への配慮は、人間に体臭があるからするものだけれども、だからと言って、根こそぎにするのは間違いですよね。清潔や無臭だけでいいわけがない。臭いがいい時だってあるはずで（笑）。

## ネット社会の悲惨

**雨宮**　でも、ネットで一言書かれちゃうと、もう終わりという世の中です。非常にいやなことですが。たとえば元カノなり、彼女と喧嘩したとかっていう勢いで何かこいつちょっとDVっぽいとかって書かれた途端に社会的生命を絶たれるみたいなこともある。その緊張感たるや凄いものがあります。リベラル系の活動家だったら、待ってましたとばかりにとんでもない祭りが始まるでしょうしね。

ネットは一気に拡散するじゃないですか。**みんなが監視していますから**。その人の人間関係を推察しながら、たぶんこういう人間関係ってことまで全部監視されているから、一瞬で広まるわけです。

でも韓国では、ネット社会がもっと凄まじいと言いますよね。朴槿恵退陣デモに毎週大勢集まって延べ一〇〇〇万人が参加して政権を倒すみたいな、ネットの力によってデモ参加者が増えるという面もありますが、一方で個人へのバッシングも時にすごく力を持ってしまうそうです。

私の知り合いでも、もう二十代なんですけど、十代の時のセクハラのような話、詳しいことはわからないんですが、それが今になって広まって、音楽をしていたんですけど、一切の活動ができなくなったという人がいました。韓国の人です。制裁がいつまで続くのかはわかりません。公人ではなく、私人に対してもそのようなことが起きて、もう一切の活動、SNSも全部やめるぐらいまで追い詰められて今どうなってるかわからないという話を聞いて、この**ネット社会で過去が消せない**、やり直しがきかない、ネットに証拠が残るのでもうどうにもならない、そしてネット上で集団リンチにされるというようなこのあり方には大きな疑問を持っています。もちろん、その人の肩を持つわけではありませんが、関係ない人たちが祭り気分で炎上させるのはおかしい。

つくづく思うのは、自分が十代の頃にネットがなくてよかったということ。きっととんでもないこと書いてたと思うし、バカな日常を綴っていたと思う。しかも時に露悪的に。それが今になって「これ過去のあなたですよね？」と言われたらと思うと恐怖しかありません。若いって、失敗したり間違ったりが許される唯一くらいの時代だと思うのに、それが将来の地雷になってしまうのはつらいですね。韓国の彼なんかはデモに行くような人だったので過剰な正しさを求められて、周りからも総バッシングを受けてしまったそうで、その話を聞いた時、自殺してしまうんじゃないかって心配になりました。ネットのバッシングって、リアルな人間関係も壊してしまう。

――バーチャルな、ある意味で架空の正義を纏ってね。

**雨宮**　その人が今どうしているか、わかりません。前はよく日本に来てたんですが。でも、韓国はそんな叩き方をするんだと、そのバッシングの凄まじさに驚きました。ネットであれだけの人を朴槿恵退陣デモに集めることは素晴らしいけど、それが個人に向いた時は怖いと思いました。

――ヘイトをする日本の人たちにも、それに近いところがあるんじゃないですか。

**雨宮**　そうですね。でも取り返しがつかないってことを、若い人ほどよくわかっているので、その辺のリスク管理はそれぞれしてると思います。

――たとえば今、シールズはないですよね。でも活動をする子の何かを暴いてやろうという監視のようなものがあるかもしれない。私的な監視団、ないしは敵対グループみたいな。

**雨宮**　ネットで、ですか？　それはあるかもですね。グループか個人かはわからないけど、いわゆるリベラルな若者に粘着して監視する人はたくさんいるので。

――ちょっと目立ったりする人がいるじゃないですか。シールズのリーダーの一人だ、みたいな。するとと粘着する人が出てくる……。

**雨宮**　ええ。監視されていると思います。どこまでかはわからないし、ネットだけの人が多いとは思うんですけど。

――日本でも韓国であったような出来事があるのですか？

**雨宮**　そこまでの話は、いまはちょっと思い浮かばないです。

――でも、可能性としては、いつ始まってもおかしくないってことですね。雨宮さんもやられたって全然おかしくない。

**雨宮**　だから、逆に自分から積極的に出すようにしています。右翼だったということも隠したら凄いネタになりますし、隠し事はないですよという風にしておくのがいい。

――ガス抜きか……。それがないと学生運動もできませんね。

**雨宮**　昔の学生運動の時にネットがあったら、もう一発で総崩れですよね。誰かがしょっちゅう悪口を言いまくるわけじゃないですか。内ゲバもあるし、それがネットで公開されたら、公安がやりやすくてしょうがないですよね（笑）。

――いまは、中核派の人たちもＹｏｕＴｕｂｅで演説してます。

**雨宮**　ＹｏｕＴｕｂｅで？　番組を持っているんですか？　「中核チャンネル」とか？

――「前進チャンネル」だったかな。今風の可愛い女の子が、ディスクジョッキー風に隣にいる男の子と話をして、今月はこれですとか言って闘争スケジュールなどを告知しています。

## つるむ仲間はいるか？　高円寺「素人の乱」の人たち

――雨宮さんには、いつも一緒に活動している仲間はいらっしゃるんですか？

**雨宮**　基本は、一人でどこへでも、という感じですが、反貧困の運動をやっている人たちとは変わらずにずっとつき合っていて、もう十年以上になります。

あとは高円寺の「**素人の乱**」（一言でいうと高円寺の暇で貧乏で愉快な人たちの集まり。リサイクルショップ店主・松本哉《はじめ》を中心にさまざまな活動を実践している。3・11後の「原発やめろデモ」では一万五〇〇〇人を集めた）の人たちはずっとつき合っています。彼らともこの十年以上いろんなデモを一緒にやって、3・11以降の「原発やめろデモ」ではすごく運動が盛り上がったんですけど、今はアジアとの連帯がメインという感じですね。一六年に「NO LIMIT 東京自治区」をやって、一七年に韓国で「NO LIMIT ソウル自治区」をやって、一八年にインドネシアで「NO LIMIT ジャカルタ」をしました。何かというと、日本と韓国と中国と台湾と香港とシンガポール、それからタイとかマレーシアとかインドネシアとかの東アジアの活動家たちが集まって一週間ぶっ続けで寝食をともにして飲みまくって交流しまくる（笑）。日本や韓国で多国籍な人たちで「アジア永久平和デモ」っていうデモをやって、とにかく言葉が通じないので、ひたすらデモとかライブで盛り上がる大宴会を、一週間とか十日ぐらいかけて開くんです。一七年は韓国でやって、一六年は東京でやって。いまは東アジアで、まず東アジアの近隣諸国の対立が煽られているし、それぞれの国のトップもあんまり信用できないから、とにかく民間の人たちが交流して仲良くなってしまおうという試みです。最初の東京では、いろんな国から二〇〇人くらい外国人が来て、飲みすぎて帰りの飛行機に十数人が乗り遅れた（笑）。

——党派性はないのですか。

**雨宮**　党派性ってなんですか？（笑）すみません、その言葉の意味からよくわからないですが、

**ただのアジアの、マヌケで貧乏な人たちが**集まっています。ただ、いろんな活動してる人やアーティスト、居場所やカフェなんかをやってる自営業の人が多いですね。台湾で脱原発運動を、中心にやってる人じゃなくなんかその界隈をウロウロしてる人とか（笑）、ミュージシャンとか刺青職人とか、アジアのそれぞれの国で「素人の乱」みたいなことやってる人たちもたくさんいるんです。例えば「素人の乱」はリサイクルショップ、古着屋、バーなどそれぞれが独立採算でお店をやってるんですが、それは**ライフスタイルそのものをぼったくり資本主義に絡め取られないで自分たちで生きていこう**という主旨でもあるんです。会社員になっても大変だし、非正規でも大変だし、なら貧乏でも自分たちで店とかをやって食べていこうって。今、アジアの他の国も日本と同じように雇用が厳しい状態です。韓国の話は先ほどしましたが、台湾や香港や中国の若い人たちと話していても同じ。そんな中、雇われないで生きていくというういわゆる「しょぼい起業」みたいなものを、日本だけじゃなくいろんな国でやっている。なので「NO LIMIT」に集まる外国人にはそういう人が多い。

――ご著書の『不透明な未来についての30章』（創出版、二〇一七年）によれば、哲学者の柄谷行人さんが「素人の乱」の一員になって「なんとかバー」という呑み屋で一日店長をしたときに、「ビール」「酎ハイ」などと並んで「難しい話　1000円」というメニューがあったとか。

**雨宮**　ええ。誰も注文しませんでしたが（笑）。柄谷さんは素人の乱のみんなに「期待の大型新人」と呼ばれています（笑）。

――そういうところがいいですね。右翼の人もそうですが、政治活動って、ともかく真面目にやらなきゃいけないという不文律のようなものがあったと思うんですが、それをさらりとひっくり返している。換骨奪胎というか脱構築というか。

**雨宮**　松本さんという首謀者はもともと法政大学の出身で、大学では「法政の貧乏くささを守る会」っていうのをやっていました。法政大学には昔から活動家がいますよね。そういう真面目な活動家をおちょくるみたいな感じの馬鹿なことばっかりやって怒られていたようです。「前段階武装蜂起《ほうき》」といって、皆で箒《ほうき》を持って出ていったりとか。学費値上げかなんかに反対して、学長の部屋の前でひたすらくさやを焼く「くさや大作戦」をしたりとか。

――かつてのべ平連を思わせますね（べ平連：「ベトナムに平和を！市民連合」の略称。一九六五年設立のベトナム戦争に対する反米・反戦運動。運動団体としての規約や会員名簿はなく、何らかの形で参加した人々や団体はすべて「べ平連」と呼ばれた。アメリカ軍がベトナムから全面撤退した一九七四年一月に解散）。戦術として、真面目になり過ぎないで、軽くずらしてみたりする。

『不透明な未来についての30章』（創出版）

**雨宮**　とにかく笑える闘争をする。彼が書いた『貧乏人の逆襲！タダで生きる方法』（筑摩書房、二〇〇八年）という本が、韓国で翻訳されてベストセラーになったんですね。いかに貧乏でも自由で楽しく生きていくかという秘訣が満載の本なんですが、それを見て、日本に馬鹿な活動家がいるって、それで韓国人がたくさん来るようになったんです。それでいろんな人が来ちゃうから、彼は高円寺に「マヌケゲストハウス」という格安のゲストハウスを作って、東アジアの間抜けな貧乏人が集まる拠点にしたわけです。それが「NO LIMIT」の始まりです。

――すごいですね（笑）。高校生のときに、学内に立看板を出すことが禁止されたので、十人ほどの仲間が集まり、一人が一文字ずつ書いたゼッケンをつけて校門前に並んだことがありました。一列に並べば「沖・縄・返・還・協・定・絶・対・反・対・！」になるんだったかな。で、生徒指導の教師がくると「沖」や「縄」や「！」をつけた生徒たちが、奇声を発してバラバラに散っていく（笑）。普段は立て看板を出すとハンマーを手に駆けつけるので「かなづち〇〇」と呼ばれていた少なからずエキセントリックな教師がいたんですが、登校してくる生徒たちも笑うものだから、彼もその時ばかりはさすがに苦笑いしてました。その時に味わった空気や小さな解放感と、一脈通じるものがありますね。

**雨宮**　へえ、今野さんの時代もそんなやり方があったんですね。

――ぼくの知っている旧知のフェミニストは、松本さんの活動は生理的に嫌みたいです。何か、肯定的には言ってくれないところがあります。フェミニストを自称しつつ、緩い自己形成をしてきた人だと思うのですが。

**雨宮**　不思議ですね。女子にも大人気なのに。日本の人でも海外の人でも笑えるし、女性もすごい参加している。

――そうじゃない人も、まだたくさんいるということかな。

**雨宮**　ふざけてるように見えるからでしょうか。ふざけているんですけど（笑）。

――おちょくるところが、自分に向かってくる感じがあるのかな。

**雨宮**　真面目な運動を、おちょくるところはありますね。

――皮肉やおかしみは、物事を相対化しますからね。

いまの国会前のデモではどんな様子なんですか。ぼくも足さえ悪くなければ行くんですが、車椅子の障害者なんかもいるのかな。

**雨宮**　いますよ。この前もいました。今はベビーカーの人もいっぱいいます。

――安保法案のときも、相当な人が集まったけれど、結局阻止はできませんでしたよね。そこについては、ちょっと考えないといけないという動きはないのですか。ただ集めただけでは、また負けるだけだよという感じの。

**雨宮**　私も一参加者のひとりにすぎませんが、そこは疲弊している感じがあります。

二〇一五年にシールズが出てきて、団塊世代の人たちを筆頭に大人たちが勇気づけられたじゃないですか。若者たちが、今のぼくらの活動があるのは、あなたたちが頑張ってきたからだ、運動は引き継がれていると言ってくれたりして。私は「団塊たらし」って呼んでたんですけど（笑）。

上の世代を否定せずに評価しつつ語るなんて、なんてデキた若者たちなんだろうって（笑）。

でも、団塊世代の中には安保関連法が成立しちゃったことで、ガクッと体調をくずす人がたくさん出て、心が折れた人もたくさんいるっていうことを聞きました。あれから共謀罪やカジノ法案とかいろいろ来ましたけど、あの時ほどの抵抗はもうない。本来は運動自体がもっと盛り上がっていいはずだし、あの時のノウハウでやれることはたくさんあるはずなのに、なんか諦めモードっていうか、疲れちゃったのかなっていう感じがあります。もちろん、現場で頑張ってくれている人もいますが。ただ全国回っても、みんな同じことを言いますね。だからシールズがあいうふうに出てきたことで、ものすごい勇気づけられたけど、それでも安保法が成立したことが、逆に最後の一撃みたいになっちゃっているのかなと。シールズも、安保を過ぎたら解散だと、最初から言っていましたし。

――敗北で疲れるのを見越して解散を言っていたのだとしたら、妙に大人っぽく見えるところがありましたね。あくまで闘争を続けるという旧来の観点から見れば、逆に幼いよということになるのかもしれないですが。でもどうだろう、「素人の乱」にあるしぶとさを足して二で割れば、今風のころあいのちょうどいい運動論に落ち着く可能性があるような気もします。

シールズの創立メンバーだった奥田愛基君、ずいぶん色っぽかったですよね。お祭りのお神輿担いでいる男の顔って色っぽいところがあるでしょ。ああいう政治的な左や右に関係しない色っぽさです。ロックコンサートに熱狂する聴衆一人ひとりにも通じるかもしれない。つまり、彼はそこで「生きている」ことを強烈に感じさせる、切ない一瞬をまとっていた。昔の活動家でいうと、ぼくは好きではなかったけれどべ平連の小田実なんかもそうだったし、それから六〇年安保の唐牛健太郎とか、日大全共闘の秋田明大とか。

**雨宮**　へぇー。ちなみに奥田さんは、スピーチしながら泣くじゃないですか。あれはちょっと何かが憑依してると思うぐらいに凄かったですね。元特攻隊の人の投書を読み上げた時なんかもすごかった。

——あの憑依を、「素人の乱」流にうまく自己相対化できたら、新しいものが出てこないでしょうか。シールズはよく知りませんが、彼らには、自分たちはプロの活動家にならないとか、プロの活動家は入れないという原則があったと聞きました。つまり、旧来の左翼のように、プロの活動家の手で学生運動組織を党派の人材のプールにするような流れには与しないと決めていたらしい。彼らの要点を「終わったらやめる」ではなくて「毎回一から始める」と言い換えて考えてみると、無責任な言い方ですが、アナーキーな色合いが濃い「素人の乱」にも通じる優れたコンセプトになるような気がします。

反体制がプロにこだわって縮小再生産を繰り返し、組織が追い詰められていくと、最後に社会から孤立して、オウムとか連赤のようになるおそれがあります。つまり、純化の怖さというか、運動をやって要員を純粋培養し、とんがった部分を前衛党みたいにして組織していくと、結局、七二年の連合赤軍や九五年のオウムのようなことにしかならない。そこはそろそろ違う筋道を作るべきで、その道としてシールズの示した方向と思い切りは一定の可能性をはらんでいると思います。

**じゃあ、負けた時にどうするか**ってことは、まだ誰も見えていない。人だけを集めても、負けちゃうときは負けちゃうわけです。だから、緩さみたいなもので抵抗して「じんわり」、かつ「ぐしゃぐしゃ」にする戦略があるといいと思いますけど。

雨宮さんは、活動家も名乗っていらっしゃるわけですよね。そうすると、活動家としては負けているわけじゃないですか。その辺は、どうお考えですか。

## 貧困の運動で学んだこと

**雨宮**　ある意味、ずっと負け続けですよね。私が「反貧困」の活動家になったのは、二〇〇六年なのでもう十三年になるんですけど、その間も状況は良くなっていないどころか、全体としては後退しています。非正規雇用率は、運動を始めた時は三割ちょっとでしたが今は四割に迫っている。貯蓄ゼロ世帯も、例えば単身者だと一二年では二十代で三八・九％、三十代で三一・六％、四十代で三四・四％だったのが、一七年には二十代で六一％、三十代で四〇・四％、四十代で四五・九％とすごい勢いで上がっている。一九年三月、ＳＭＢＣコンシューマーファイナンスが三十代、四十代の「現在の貯蓄額がゼロ」が二三・一％と発表して衝撃をもって受け止められましたが、ひと昔前なら四十代の貯蓄ゼロなんてほとんどいなかったんですよね。働き盛り世代なわけですし。でも今はロスジェネの貧困がそのまま続いている。ただ**確実に積みあげてきたものがある**ことは重要で、たとえば「子どもの貧困対策法」だとか、「こども食堂」などの動きがあって、その評価の良し悪しは別にしても、子どもの貧困があるということがある程度可視化され、それに対して何かしなければいけないという社会的合意が形成されたことは大きいと思います。

　貧困問題の場合、一発逆転でひっくり返ることがないことがわかっているので、たとえば生活保護の引き下げなどの問題に一つずつ対応していくというように、地道にやってくしかないのかなと思います。

　ただ、安保法案や共謀罪などは目指すのが法案の成立阻止なのでやり方がまた違いますよね。でも阻止できなかったからといって**負けたと思ってしまうと心が折れるだけ**だと思います。もちろん成立してしまったという現実はあるけれど、初めてデモに来た人が大勢いて、初めて政治的なことを考えたりという人はもっとたくさんいて、そういうことは次に活かせる。少なくとも、何かあれば国会前や官邸前に集まるという文化は3・11前にはなかった。今はそれが当たり前になっている。こういった積み上げてきたものを見るようにしています。

――勝ち負けという発想自体にからだを馴染ませないというか。効率とか、合理性とか、近代の社会はそれを梃《てこ》に動いてきたわけだけど、これからは、そういうものと別の発想を持たなければ、希望なんか持てないですよね。これは、何も反体制的な運動に限ったことではなくて。

**雨宮**　3・11の前は、脱原発デモに数万人が集まったり、官邸前に万単位の人が押し寄せたりなんて思ってもいなかった。そういう意味でいうと、すごい変わったとは思います。シールズみたいな人たちが出てくることも想像できなかったけど、あれも3・11がきっかけでした。

## シールズは負けたとは思っていない

――負けとか敗北とか、その発想自体が性急で古いのかもしれないですね。

**雨宮**　ええ。シールズに励まされた団塊世代の人の心が折れちゃったのも、たぶん「負けた」と思ったからだという感じがします。逆に、シールズの人たちって、「負けた」とは思ってないんじゃないかな。「自分たちみたいな若い世代にそんなに期待しないで」ということは、本人たちも言っていましたから、どうぞあなた達でやってくださいっていうのが、彼らのスタンスじゃないですか。解散するなんてとんでもないとか言う人たちもいたけれど、じゃあ自分たちでやってくださいと。

「素人の乱」もそうです。「次は何をするんですか」、と言ってくる人に対して、いや勝手に自分でやればっていうスタンスが基本なので。**自分が運動を引っ張っていくとは誰も考えてないところがいい。**

――本当は、面白そうだから行くんだよねってところがあるほうがいいですよね。動員などは一番ナンセンス。今日はデートだから休むと言えるほうが断然いい。党派の活動家はしたことがないから詳しくはわからないですけど、義務ですもんね、彼らは。党派の新聞売るのも義務だし。

**雨宮**　そういう意味では、義務は全然ないですよね。

――面白そうだから行くのも「あり」だと思うんです。というか、本当はそれしかないんじゃないか。運動と活動は面白そうだから行くんで、必ずしも義憤に駆られて行くだけではない。コンサートに行く気分とメンタリティはそう変わらないというのが、大方の本音ではないですか。でもそうしたくても、真面目な人たちはそれを許さない。ひょっとすると権力の壁より、そっちの壁のほうが高い……。

**雨宮**　そうだと思いますよ。あと「そんな暇があるんだったら働け」っていう、逆方向からの圧力。**日本って労働が宗教みたい**。労働規範というか、働いてない時間とか、デモに行く暇があったら働けっていう批判は、日本的だなあと思いますね。

## 韓国で息を吹き返した「べ平連」

――七〇年前後に、それが市民レベルで崩れかけた実感がありました。「べ平連」にも、そういうところがあったんです。偉そうなことを言わないし、楽しんでやりましょうということに相対的に寛容でした。三島由紀夫のことが好きで、三島作品の文庫をジーパンのポケットに突っ込んでデモる奴がいたし、まわりもそれで平気だった。まだ戦後民主主義の影響が残っていた時代だったからかな。それは八〇～九〇年代に消えていった。

**雨宮**　私、一七年に「べ平連」が亡命を支援した米軍の脱走兵だったクレイグ・アンダーソンさんに会いました。一九六七年、横須賀に停泊していた米空母イントレピッド号から四人の米兵が「ベトナム反戦」を理由に脱走し、その四人をべ平連が支援してスウェーデンに亡命させた。一七年はそれから五十周年の節目ということで、彼が来日して立教大学で講演会をして、私も別の企画で彼と対談しました。私だけでなく、韓国の徴兵拒否者たちと一緒に。私の友人には韓国人が多いのですが、そんな中でも徴兵拒否運動にかかわっている人が多いんです。韓国では、二年ほどの徴兵を拒否したら一年半刑務所に入れられてしまう。でも一二年、二十歳でフランスに亡命した人がいて、それが「成功例」として広まっている。その人はイ・イェダさんという人で、一五年には日本外国特派員協会で記者会見もしています。

イェダさんに会ったのは、日本在住の韓国人男性Aさんとの出会いからです。たまたま日本のデモで会ったのですが、日本留学中の彼は、とにかく徴兵に行きたくないといつも言っていた。韓国にいた頃から徴兵拒否を考えていたようで、そんな彼が日本の「べ平連」のことを知って、それもあって留学先を日本に決めたそうです。日本には米軍の良心的脱走兵を亡命させる運動があると聞いて、日本に来れば何か助けをしてくれる人がいそうだと思ったと。でも、彼が来日した二〇〇〇年代には、「べ平連」なんて、もう影も形もなかった。

彼は大学の卒論も「べ平連」で書くほど「べ平連」に詳しく、何とかして「べ平連」の人に会いたいというから、当時の関係者を紹介したりもしていました。

そうして一七年、イントレピッドの脱走兵の一人、アンダーソンさんが来日するということで、私と、韓国で徴兵拒否して刑務所に入っていた人を五人を呼んだら、結果的にその五人だけじゃなく徴兵が嫌だという若い韓国の男性が集まって十人以上になった。

それで、集まった彼らが「べ平連」のおかげであなたたちに会うことができたというので、アンダーソンさんも喜ぶし、対談を聴きに来ていたべ平連の元活動家の人たちも、韓国で「べ平連」が注目されているとは考えもしなかったので、とても喜んだ。

そういうわけで、いま**韓国では一部徴兵拒否者の間で、「べ平連」のことがホットな話題**になっていて勉強会なんかも開催されています。新聞なども取り上げて、まさに「べ平連」ブームが始まりつつある。これは、すごい面白いことだと思います。ちなみにイ・イェダさんの「イェダ」という名前は「イエス・キリスト」と「ブッダ」の「イェ」と「ダ」を合わせたものということです。徴兵拒否するしかないだろ、というネーミングですね（笑）。

## 軍は「いじめ」の巣窟

——韓国で徴兵拒否をしたら大変らしいですね。牢屋に繋がれるだけではなくて……。

**雨宮**　就職もできない。

——家族意識が強いから、一族郎党も大変でしょう。

**雨宮**　プロ野球の選手やアイドルでも行きますからね。

――軍隊では、人殺ししても心が折れない訓練をするわけじゃないですか。これは大変だと思います。結局、軍隊の何が嫌かというと、たぶんいじめが一番なんだろうと思う。それで自殺する人がいっぱいいいますものね。

**雨宮**　一四年にも、軍隊のいじめられっ子が上長や同僚に銃を乱射して殺した事件がありました（二〇一四年の「江原道高城郡兵長銃乱射事件」）。いじめられっ子の逆ギレで起きてしまった悲惨な事件ですね。同じ頃には暴力を受けていじめ殺されるという事件も起きています。韓国の軍隊内では三日に一人くらいの割合で自殺が起きていると聞きました。韓国には良心的な徴兵拒否者に対する代替服務制度（徴兵拒否者を、病院や療養機関などの公共福祉・社会福祉分野などで代替服務させる制度。懲罰的な色合いはないとされる）がないじゃないですか。だからイ・イェダさんも、フランス政府が難民認定したんです。世界的に見ても厳しい徴兵だということで。

――志願して沖縄戦に行った米兵を描いた『ハクソー・リッジ』（二〇一六年）というメル・ギブソン監督の映画があります。徴兵拒否ではないけれど、宗教的な理由から銃は使わないということで衛生兵に志願した男の実話で、日本人も含めて多くの人の命を助けたことから「良心的兵役拒否者（Conscientious objector）」として初めて名誉勲章を受けた人の伝記映画です。パール・ハーバーを見て、日本人を懲らしめようと志願するんですが、銃の訓練を一切拒否して壮絶ないじめを受ける。それを退役軍人の親父が、元の上司に直訴して認められ、沖縄の激戦でみんなが死んでいくなかで、赤十字精神を発揮してけが人を次々に助けるという話です。スタンリー・

キューブリックの『フルメタル・ジャケット』(一九八七年)もベトナム戦争時の、軍隊のいじめにまつわる話でした。

**雨宮**　軍隊にはいじめがある。いじめで生まれるストレスを敵に向けさせる。

——日本映画にもあります。増村保造の『兵隊やくざ』はその典型です。勝新はぶん殴るけどいじめでぶん殴られもする。軍隊はいじめの巣窟。自衛隊もそうでしょう。

**雨宮**　逃げようとしても逃げる場所がないんだから、一番手っ取り早い人間改造です。人間にとっては、逃げ場も居場所もない状態が一番苦しい。

## 第四章　オウムと北朝鮮

### オウム裁判の汚点

――一八年の六月四日に立ち上げられた「オウム事件真相究明の会」（現在は活動を休止中。雨宮さんは、青木理、香山リカ、森達也各氏ら、全部で十六人いる「呼びかけ人」の一人である）についてお聞きします。なぜこの時期にやろうと思ったのかという発会の経緯からいかがでしょうか。

**雨宮**　発会の経緯は、まず一八年一月にオウムの裁判が全部終わって、三月には死刑が確定した麻原を含む十三人のうち七人が拘置所を移され、もういつ死刑が執行されてもおかしくない情勢になった。二〇一九年は天皇の代替わりだし、二〇二〇年には政府が力を入れている東京オリンピックの開催が控えている。年内には死刑執行されるのではないかという話を、一八年の四月ぐらいから、いろんなところで、文化人系の人たちと会うたびにしていました。来年の今ころは誰もこの世にいないかもしれないと。そんな話から始まりました。振り返ると、あれだけの大事件ですが麻原の裁判は一審しかやっていないわけです。一審の途中で精神に変調をきたし、正常な状態ではなくなったにもかかわらず、訴訟能力ありと無理な判定をされて、死刑が確定してしまった。

その後もずっと、精神的にかなり重篤な意識障害みたいな、まともではない状態が続いているということは、森（達也）さんの本などで知っていました。そういう中で、あんな**戦後最大級の事件だというのに、真相が解明されないまま結審**し、一審で終わってしまった。このままで死刑執行されて、いったいそれでいいのかっていうことが一つです。

それから刑事訴訟法にある心神喪失の人に死刑執行しないこととか、そもそも訴訟能力があったのか、なかったとしたらそれで死刑が確定でいいのか、司法の逸脱というか、法律に則らないやり方で正当な手続きをスルーしていること。麻原憎し、オウム憎しの世論に支えられて、適正なルールじゃないいろんなことが、オウム裁判、特に麻原裁判ではあったわけですが、そういう前例を作っていいのか、そういう司法の機能不全をなんとかできないかという、そういう話をしていました。結局、じゃあ「オウム事件真相究明の会」という形で立ちあげようかという話になったのが、四月ぐらいです。

## 「真相究明」がなかったら

――「オウム事件真相究明の会」ではオウム事件の真相解明を目指して、解明しないといったいどういうことになるかを、それぞれの視点で話し合ったと思います。雨宮さんも考えるところがあると思うんですけど、究明できなかったらどうなるかという危機感について聞かせてください。

**雨宮**　真相はもう解明されている、という反論を受けたこともありました。ですが、私自身はすべて解明されているとは思えない。特に一番大本にある、ああいうたかが一介の宗教団体が、どうしてあの事件を起こしたのだろうとか、事件当時によく言われたように、なぜ高学歴の若者たちが、ああいうある意味スピリチュアル系みたいなものに惹かれたのかとか、バブルとかの時代背景もあったと思うんですけど、それがなんで世の中へのテロという形に向かったのだろうかと か。当時オウムにはまった若い人たちは、いろんな生きづらさを抱えていたと思うし、当時のバブルで享楽的な世の中にあって精神的なものを求めたというような、彼らの気持ちもどこかわかるような気がするんです。

じゃあ今はどうかというと、もうバブルはとっくに崩壊し、本当に生きるだけですごく過酷になっているし、生存競争の中で精神的なものを求める以前の、物質も金銭も人によっては住まいもないという状況のなかで、ある意味**当時よりもっとオウム的なものに惹かれる下地というか、そんなものができているんじゃないか**と思うんです。

それは、今は宗教じゃないかもしれないですけれども、そういう意味では普遍的な問題というか、だからこそ真相の解明が再発防止のためにも役立つだろうと。会を作ろうとした当時にみんなでよく言っていたのは、このまま麻原が死刑執行されたら、殉教者にされるのではないかという危惧でした。

ああいうふうに喋らずに死刑執行ということになると、本人が何も言っていない分、信者たちがいろんな意味合いを忖度して、神格化が進む可能性もある。しかも国家によって殺されるわけです。

私自身もオウム事件が起きた直後は本当にオウムのことが気になって、脱会した元信者の人のイベントに行ったりしていました。その人たちがまた、自分とすごく話が合ったというか、周りの友だちが恋愛と買い物の話しかしない中で、オウムの脱会信者の人たちとは、本当に深い話ができたというか、世の中に対するいろんな違和感を共有できた実感もありました。

## 語ってはいけないものを解明する

——今の状態では、ほとんど見えてこない。解明どころか、みんな塞がれちゃって、オウムはとんでもないテロ集団だということで終わっちゃう。オウムがあれだけ大きくなったのは、それだけの魅力もあったからでしょう。その魅力には、ある意味で日本という国の裏返し、鏡のようなところもあっただろうから、オウムを見ることは、日本の今と過去を見ることに通じると、そう言えるところがあると思うんです。だからそれに目を塞ぐのは、鏡の中の自分の姿を自分で拒否しているに等しい。

たとえば森（達也）さんがオウムの中でカメラを回した『A』『A2』には、オウムの内部から外の一般社会の光景を撮るシーンがあるけれど、あの場面にはオウムの内部から自分では気づかない自分自身の背中を見るという実感がありました。それから、麻原が言った殺す者も殺される者も救われるという「ポア」というオウムの思想の、偉ぶって安上がりな偽善性は、一億玉砕、つまり「玉のように清く砕け散る」などと綺麗ごとをいって多くの国民を死に導いた太平洋戦争末期の大本営の発表と、苦しまぎれの「いいとこどり」という点でよく似ていると思いませんか。それを信じた信者たちのメンタリティも、戦争末期の日本人に通じるものがあると思う。そういう問題の解明をせずに死刑を執行するのは、国家の怠慢というしかないことだと思います。

**雨宮**　そういう話が全然出てこなかったことも今回の執行の特徴ですよね。死刑の是非についても、メディアでは七人と六人の二回にわたった同時執行が異例中の異例だったという言われ方をするだけで、別にそれに対して異議をとなえる人なんて、私はほぼ目にしなかった。麻原の死刑が執行されたら、オウムとは何だったのかとか、事件の前になんであいう集団ができたのかっていうような、当時のいろんな背景などを分析する批評や評論みたいなものが、もっとたくさん出るかと思ったら、ほとんどないような感じで終わった。オウムと当時の社会を絡めたり、ああいうものが出てくる下地が日本社会にあったというような、少しでもオウム擁護ととられかねない発言をしただけで死ぬほどのバッシングが来るとわかっているから、どこもやらないし誰も口にしないということを、すごく感じました。

そういう意味では、地下鉄サリン事件の時には、事件直後だからですけど、なぜこの社会はオウムを生んだのかみたいな問題提起があった。でも、いまはなかなかそこさえも語れない気がします。それで「死刑が執行されました、粛々とされてよかったですね」で終わり、みたいな。

## 司法手続きを透明化せよ

――それで、「真相究明の会」を立ち上げなきゃいけないと思った人が集まったと。

**雨宮**　ええ。会を立ち上げた時には、麻原の死刑に反対する会が結成されたみたいな言われ方をしました。でも、それは全然違います。別に会として死刑に反対しているわけではないし、減刑しろと言いたいわけでもない。ただ、手続きを適正にしろと言いたいだけでした。それはみんなに共通していたと思います。

呼びかけ人や賛同人に名前が並んでいる人の中には、死刑反対論者の人も結構いましたが、中には、ライターの藤井誠二さんのように死刑反対ではない人もいた。そういう中で、オウムの味方なのかとか、麻原の死刑に反対する会なのかとか穿った見方が多くて、意図がなかなか伝わらないままに、できてから一カ月で死刑が執行されました（麻原彰晃ら第一回目七人の執行が二〇一八年七月六日。他の六人の執行が同年同月二十六日）。

――上川（陽子）法相が麻原死刑の当日に、長い記者会見をしましたね。原稿を棒読みした感じで、そのすべてを遮断するような印象が気持ち悪かった。自分の声と言葉では何一つ言わないという明快な棒読みだったと思います。

**雨宮**　覚えているのは、執行の日に、麻原の三女であり、事件当時アーチャリーと呼ばれていた松本麗華さんのツイッターが荒れたことです。彼女は父親である麻原に面会に行ってもこの十年会うことができず、それでも通っていたのですが、そんな彼女に対して「おめでとう」とか、「やっと死んでよかったね」とか、「祝」という字がダーッと並んでいたり……。彼女を精神的に壊しにかかっている人たちが多くて、一番怖かったことは、それかもしれないです。死刑執行に対して世間はシーンとしてるけど、**ネットではそういう悪意が渦を巻いていた**。もちろんそれを酷いと諌める人もいるにはいるんですけど、あの悪意の洪水には、あらためてびっくりしました。

## 悪ノリで「炎上」

**雨宮**　たぶん一人一人は悪ノリしてふざけてるだけなのだと思いますが、それが一人に対して何百人にもやられると、ものすごいダメージになる。やってるほうは、虫でもいじめるみたいな感じで、もしそれで命を落としたとしても「あれ死んじゃった」みたいなノリなのかなって。一人一人にはさしたる悪意を感じないし、ましてや殺意なんか感じない。でも今のいじめって、ネットだと、だいだいそうだと思います。一人の人に対して何百人が来るから、本人は死ぬほど傷つく。だけど、みんながやってるからというので、**いじめるほうは一人一人責任が分散されてという、そんな感じです。**そういうのもすごく気持ちが悪かったですね。

——卑怯の極みですね。悪い奴の関係者は私的にも罰せられて当たり前とでも思っているんでしょうか。

**雨宮**　歪んだ正義感の暴走という面もあるかもしれません。

——町会長が非国民だと言ったら、追随して町内のみんながワイのワイのと騒ぐ、まるで戦時中を思わせるような感じがしませんか。

**雨宮**　そうですね。しかも、非国民というほどの怒りもない。極悪人と言われる親父が死刑にされて弱ってる娘がいるから、ちょっとふざけて何か言ってやれっていうぐらいの、憎しみすらない感じに思いました。傷つけてはいるけれど、その自覚はないし、**ただの遊びというか、そこがすごくショックでした。**

## 北朝鮮と「よど号」の娘たち

——話は変わりますが、雨宮さんは二〇〇一年に北朝鮮のよど号グループの娘さんたちの支援もしていますよね？

**雨宮**　はい。なりゆきで（笑）。前に話したように塩見さんに誘われて北朝鮮に行ったら、平壌には自分と同世代の人が二十人ぐらいいて、一番年長の三人の女の子と仲良くなった。その子たちは北朝鮮で生まれ育った「よど号」の人たちの娘たちだったわけです。よど号グループとは、一九七〇年に日航機をハイジャックして北朝鮮にわたったたった赤軍派の人たちです。その子どもたちが二十人ほどいた。北朝鮮の学校に通って教育を受けたらしいのですが、一番上の世代はもう二十歳をすぎていて、学校も出ていた。だけど北朝鮮では外国人だから就職もできないということで、このままだと就職も結婚もできずに、北朝鮮で生きなくちゃいけない。何とかして日本に帰りたいって言うんですね。でも、帰りたいと言っても日本に来たこともない。パスポートもない。戸籍はどうだったんだろう。とにかく北朝鮮生まれの日本人というイレギュラーすぎるケースです。

しかも親が国際指名手配犯。その子どもたちと仲良くなったから、軽い気持ちで何かできることはないかって言ってたんですけど、二十歳そこそこの小娘が対応できるような状況じゃない。結局、いろんな人が動いて外務省が一時渡航書という形のものを出して日本に三人の「娘たち」が帰国できることになりました。二〇〇一年、「帰国」する時には、私も平壌まで迎えに行き、一緒に日本の土を踏みました。

彼女たちはそれから少しの間、私の家に住んだりしましたが、帰国してからも大変なわけです。北朝鮮で生まれ育って、日本の教育を受けていないし、日本の生活のことも知らない。そんな中でも働かないと生きていけないのでバイトして、でも帰国の時に散々テレビで顔が流れてるから「よど号の娘」ってバレて大変なこともありました。子どもは親を選べないのに……。

そういうことで、支援というよりはただの友だちとして、話を聞いたり、ご飯を食べに行ったり、うちで一緒にお泊まりしたりしてました。東京拘置所にいるお父さん（田中義三氏。よど号メンバーだったが、当時は東京拘置所にいた）の面会に行ったり、買い物につき合ったり、遊んだり、日本の同世代の人ともっと接したいと言えば、私の周りの友人を集めて飲み会をしたりとか。そういうところに、日朝会談があった（二〇〇二年と二〇〇四年に、小泉純一郎首相と金正日委員長の間で行なわれた首脳会談。日本人拉致問題が俎上にのぼった）。その時、びっくりするほどのバッシングを受けました。拉致疑惑があるよど号ハイジャック犯の子どもと仲良くしているなんて、と。こっちとしては、**子どもと親は関係ない**。日本に帰国してからの彼女たちの生活の大変さを見て、子どもたちは被害者だと思っていました。でも、世間はそうはとらない。日朝会談直後、私の家にはガサ入れも入りました。よど号グループによる、拉致被害者である有本恵子さんの結婚目的誘拐という疑惑で。だけど有本さんが拉致されたとされる時期って、私、八歳です。関係あるはずがない。でも、連日ものすごいバッシングを受けて、当時まだ二十代だったし、どうしていいかわからず、いろんな行き違いもあって、娘たちとの関係は疎遠になってしまいました。私もパニックだったんですね。いま思うと、彼女たちのほうがずっと傷ついていただろうに、もう少し何かフォローできたんじゃないかって思います。その時の反省というか後悔というか、ガサ入れが入ったと言っても別にたいしたことではなかったんですけど、そういうものに屈して人との関係が切れてしまったことが、すごく辛い思い出として残っています。

## 北朝鮮で育つということ

——男の子たちは、たまたま来なかったのですか。

**雨宮**　ええ。第一弾で帰ってきたのは、三人とも女の子でした。

——子は親を選べないとおっしゃいましたが、その子たちは、「よど号」グループの一員である親たちのことを、どう考えていたんでしょう。

**雨宮**　どうなんでしょうね。ただ、北朝鮮でよど号親子に出会って、ものすごく親子の仲がいいことには驚きました。反抗的な態度をしている子がいない。日本だと中学生にもなると親と一緒に歌ったり踊ったりしないじゃないですか。でも私たちが行ったら、みんなが親子で出てきて、歓迎会とかをしてくれた。で、親の前でみんなでアコーディオンを弾いたり、合唱で歌を歌ったり、そういうことを当たり前にする。照れもなくするんです。その姿には驚きました。

——まるで絵に書いたような……。

**雨宮**　……いい家族、というか。親は日本を知っていて、「世界同時革命」とか言ってハイジャックまでして相当好き勝手に生きてきたわけじゃないですか。でもその子どもたちが、本当に素直にスクスク育っていた。「純粋培養」という言葉をみんな使っていましたが、確かにそんな感じはしました。北朝鮮という温室で純粋培養されたっていうような言い方でした。

でも、結局は二十歳ぐらいになると同時に、北朝鮮での子どもたちの人生は詰んでしまうというか、先がないんです。北朝鮮の子どもと同じように教育は受けられるけど、成人して以降は行き場がない。北朝鮮で生まれ育って、教育は北朝鮮で、日本語は親から習っているからできるんですけど、日本で暮らしたことがないし、いろんな慣習やルールもわからない。ものすごく不安だっていうのを、日本に帰ってくる前も、帰ってきてからもずっと言っていましたね。しかも親はハイジャッカーで国際指名手配犯で、日本人拉致の疑惑もある。子どもというのは、なんて大変なんだって見ていた。

本人たちは全然悪くないどころか、友人という立場からすれば、彼女たちこそ被害者って感じがしました。日本に帰ったらずっと公安のマークがついてるわけだし。親のせいで、子どもまでこんなにひどい目に合うんだって思いました。でも彼女たちは決して親のことを悪く言ったりしませんでしたね。

――帰っていらしたのはいつでしたっけ？

**雨宮**　二〇〇一年です。二〇〇二年にはもう一回目の日朝会談がありましたから、もう一気に北朝鮮バッシングになりますよね。「よど号」のグループによる日本人拉致も、ものすごい注目されたので、本当に大変な状況でした。

――彼女たちはまだ日本にいるのですか。

**雨宮**　いると思います。全部で二十人ぐらい子どもがいるんですが、私が迎えに行ったのが第一弾で、その後、順次帰ってきて、今はたぶん全員いるはずです。いま、北朝鮮にいるのは、「よど号」グループの四人ぐらいと妻の何人か。彼らは本当に最後ですね。

## 知らなかった頃の自分には戻れない

——ちょっと角度は変わりますが、親子の連帯責任の話に言寄せて言いますと、今の日本のある部分には、ちょっとでも自分たちの集団的エートスの琴線に触れたものは死刑、極端に言えばそういう感じがあります。

雨宮さんは、そういう構図に抗して生きづらい方々を支援されているわけで、敢えて大袈裟に言うと、そのことで自分の人生を全うされつつあるという印象まであって、本当にすごいと呆れるばかりです。まさに『すごい生き方』です（笑）。「活動家健康法」という言葉もそうですが、こういった一見破天荒に見える造語や、生きづらさに対する共鳴とか共感なども、運動的な既定のスローガンとして出てくるのじゃなくて、自己批評的な柔らかさから出てくる。それが、雨宮さんの一番の魅力だと思います。

今度の新書（『非正規・単身・アラフォー女性　「失われた世代」の絶望と希望』／光文社新書、二〇一八年）でも言っていますよね、「運動ばかりだと疲れちゃう」と。ああいう言葉が活動のさ中にいても、ひょいと出てくる。あの言葉を、自然に言える活動家はこれまでにあまりいなかったと思います。なのに雨宮さんはなぜ、「活動家健康法」とまで言い切るような活動が続けられるか。そこをあらためて言葉にしてください。

**雨宮　ただ単に、人に出会ったというのが大きいんです。**会ったとか、知ったとかってすごい大きいことなので。知った人は、知らないふりができないし、知らなかった時の自分には戻れないし。だから、自分にとっては、貧困の問題がこの十年以上一番のメインテーマになってますけど、それも元は知ったからっていうだけです。自分も貧困だったし、二十代では同世代の自殺を多く見たし、三十代になった頃から同世代がどんどんネットカフェ難民化していった。それを知った人間は、知った責任があるという思いがあったので。

「よど号」の時も、私の最初の支援体験はあの時だったと思うんですけど、でもその時は赤軍派のおじさんたちに、娘たちの「支援者」と言われることもすごい嫌でした。支援なんて形でやってるわけじゃない。ただ友人だからできることはしたい、ということだったので。

よくわからず初めての海外旅行で北朝鮮に行ったら、同世代の女の子たちにこういうことに困っていると率直に言われ、何とか日本に帰れないだろうかと相談された。先の人生が見えないっていう、ある意味、当時の自分と同じ悩みだったからかもしれません。私自身も二十代の前半で、どうしていいかわからなかったし、彼女たちは彼女たちで、北朝鮮にいる限り生活には困らないし、家もあるし、親もいる。でも、食べるものには困らないけれども、ここにいたら先がないというか。で、唯一交流があったのが私という（笑）。日本にいる同世代の同性の友人なんて、作りようがないですもんね。それで頼ってくれた。それは嬉しいことです。頼られるのは、信じてくれているということですから。そんなふうに頼ってくれる人がいたら応えたいという気持ちは、たぶん誰にでもあるんじゃないでしょうか。

## 平壌で見かけなかった人

——彼女たちにとっては、「不思議の国ニッポン」だったわけですもんね。

**雨宮**　ええ。日本のテレビはけっこう見ていたし、日本語もできて、本も読んでいた。ただ、情報はあるけど、理解ができない。当時の日本にはフリーターがいっぱいいるみたいな話になると、なんでフリーターになるのかとか、そこからはもう理解できないわけです。確かに、北朝鮮にはフリーターはいない。彼女たちと喋っていると、お互いカルチャーショックがあって面白いんです。

たとえば、日本で女子会みたいな場で「好きな男性のタイプ」なんかについて話すと、「優しい」とか、「一人暮らし経験があって家事できる人じゃなきゃダメ」とか、いろんな条件が出てくるじゃないですか。でも北朝鮮で生まれ育った彼女たちの好きなタイプは「軍隊」。以上、それだけ（笑）。それは衝撃でした。よくよく聞くと、北朝鮮の男性で軍隊に行けない人っていうのは、何らかの障害や病気があるということらしくて。あとは軍人へのいいイメージがあるんでしょうね。そういうこともカルチャーショックでした。

彼女たちが日本で生活するようになって最初に驚いたのは、日本は「お金がないと何もできない」ということでした。それは遊べないとかそういうことではなくて、北朝鮮ではお金を一円も持たずに出歩いて、地下鉄などにも乗ってたらしい。それと同じノリで日本に来ても財布を持たずに出たら、電車にも乗れないからどこにも行けない。だから、お金を持って歩くという習慣がないことも結構衝撃でした。

——それは放っとけないですね。

**雨宮　放っとけないと同時に、面白かった**（笑）。そんな人見たことないし、大人なのに一円も持たずに手ぶらで出て行っちゃってあとで「何もできなかった！」って。

あと、隠されていたのかどうかはわかりませんが、彼女たちは身体障害者を見たことがなかったようです。なので、本当に悪気なく指を指したりすることがあって、慌てて止めたりしてたんですけど、それを見て、北朝鮮で二十年以上生きてきて本当に障害者を見たことがないんだって衝撃でした。だからなのか、日本は障害者が多い国というふうに思ったようです。その原因として、インスタントラーメンとかそんなものばかり食べてるせいじゃないかとも言っていたので、北朝鮮ではそういう話になってるのかなって、いろいろなことが見えてきますよね。

——北朝鮮では障害者が目につかない？

**雨宮**　私は今まで五回北朝鮮に行きましたが、一度も見たことはないです。ただ、今はどうかはわからないです。

第五章

# 雨宮流人生相談

## 雨宮流人生相談

――ここで第二章のテーマに戻って、「仲間の見つけ方」「他人とのつきあい方」みたいなことを話してみましょうか。たとえば、欲がないからお金もないし、出世もしないし将来の貯えもなくて、介護をかかえて苦しくて死にたいよっていう中年過ぎのおっさん。そういう人たちに、こういう仲間を見つけようとか、自分が持ってる見栄を捨てなさいとか、何か言ってあげられたらいいと思うんですけど。

**雨宮**　あまり男女差を言うとよくないかもしれないけど、男性のほうがプライドというか見栄というか、自分の苦境を知られたくないという傾向がありますよね。特に仕事がないとか、お金がないとか言いづらいんだろうなって思います。

私の周りの女性同士だと、貧乏だとかお金がない、家賃滞納したとかクビになったとか、結構女同士で言っている。幸いなことに私の周りの女性たちの間には見栄の張り合いがないので。逆に、**普段から逆マウンティングっていうか、恥や自虐ネタばかり言う関係ができてるんですね。**いかにひどい目にあったかとか、いかにひどいフラれ方をしたかとか、そういうことをネタとして話して笑いをとるという作法ができている。だから深刻にならずにみんなで笑い飛ばせる。でも、女同士でも、彼氏自慢とか、家柄自慢とか、金持ち自慢とか、そういうことばっかりしてる人たちは言えないでしょうね。弱い部分やダメな部分を見せ合える関係を作っておくのが一番だと思います。

男性の多くは、普段の会話からして、共感するんじゃなくて競争してたりする。でも、俺のほうがこれだけ偉い、すごい、これだけ知ってるみたいなことばかり言っていると、困った時に何も言えないので、普段から競争ではなく共感の会話をするように心がけるのがいいと思います。

あとは、**「べてるの家」**（一九八四年に設立された北海道浦河町にある、精神障害等をかかえた当事者の地域活動拠点。そこで暮らす当事者にとっては、「生活共同体」「働く場としての共同体」「ケアの共同体」という三つの性格を有している）でいう、**「弱さの情報公開」**みたいなことかな。これは「べてるの家」でよく言われることですけれども、それをする訓練をしておかないと、たぶん男性のほうが、弱音吐いちゃいけないとか、マイナスを知られちゃいけないとか、格好つけなきゃいけないっていう呪いがすごく大きくて、いつまでもそれが解除されない。もちろん女性にもそういうところはあるけれど、少なくとも私や周りの女性たちは普段の会話の中で、それを解除する訓練をしている。自分の気持ちを正直に表現する訓練ができていると思うんです。

――なるほど。男は互いに没交渉過ぎますね。サラリーマンだったら地域のつきあいがなかったりするし、会社でする会話にもマウンティング的なものが多くて、定年で仕事がなくなってガックリくるけれど、それでも口を開けば、わかっているのに自慢話みたいな。いまのままじゃ、男社会がどんどん痩せていって、中身のないマウンティングだけが続くという、地獄のように貧しい風景が見えてきます。

**雨宮**　普通にSOSを言うとか、「困ってる」と言うとか、そういう訓練をするだけで全然変わると思うんですけどね。

――そういうレッスンの機会があったら面白いですね。「弱音を吐く会」。

**雨宮**　今は、逆のレッスンしかされてないですよね。耐えろ、男らしく黙ってろ、みたいな。やせ我慢して限界まで頑張れとか。それで限界を超えてしまったら、自殺するしかなかったりする。「素人の乱」の拠点である高円寺なんかは、そういう意味では弱音が言いやすい場所ですね。「素人の乱」の店である「なんとかバー」に行って男性と話しても、金持ちになりたいとか有名になりたいとかそういう人は見事に一人もいない。みんなとにかく「働きたくない」や「寝たい」ばかり（笑）。でもそういう貧乏系活動家にはちゃんとノウハウがあって、中央線沿いの家賃二、三万のアパートに詳しいし、月に六万円くらいしか稼げなくても生きていける方法を知っている。

週五働くとたぶん心身壊すけど、週二だったら大丈夫と、低空飛行の生活を続けてそろそろ五十代なんて人もいる。そういう姿を見ると、**世の男性たちも弱音を吐けて本音を言えたら本当に楽になるのにって思います**。

だからあえてそういう場に行って、世間からはダメと言われるけど本人たちは楽しく、そして楽に生きている人たちと会うのもいいかもしれませんね。でも今、そういう人たちがいられる場所自体がどんどんなくなっている。一昔前ぐらいだと、そういうおじさんが、どんな町とかどんな共同体にも一人ぐらいはいたような気がします。定職についてなくて何やってんだかよくわかんないけど生きている。寅さんほど人気も人徳もないけれど、しょぼい寅さんみたいな人。

**今のブラック企業は資本主義カルトだ**

――その窮屈さは、町のなかから煙草の煙が消えたこととも関係しているかもしれないです（笑）。

**雨宮　いろんなものが消えましたよね**。何してるかよくわかんないけど、そこそこ楽しそうに生きてるおじさんとかもいないし、何かと口を出しつつ助けてくれるおせっかいおばさんもいなくなった。

――それは実感します。町が綺麗になるほど、そういう人がいなくなったし、ああいった懐かしい匂いもしなくなった。

**雨宮**　そういう大人を見て育つか、一人も知らずに育つかで、全然違いますよね。いろいろ大変で、例えば社会に出るプレッシャーがあっても、「こんなおっさんでもそこそこ楽しく生きてるんだったら、まあ大丈夫か」っていうモデルというか、多少社会をなめるようなところもないと。今は、コミュニケーション能力があっていろんなスキルがある上に、どんなに長時間労働をしても倒れない強靭な肉体と、どんなにパワハラを受けても病まない強靭な精神を持った即戦力しかいりません、という時代ですから。

——義理の親父は働かない男でした。大正生まれで大学を出て酒が強くて大好きで。若いころはそれなりの稼ぎもある粋な遊び人だったらしいけど、きっかけがあって、あるときからぱったり働かなくなった。年をとったら酒と孫の顔を見ることが楽しみで、若いころに青果を扱っていたので白菜を見繕っては漬物を漬け、近所の友だちにも手土産代わりに配って、満足気に一緒に酒を呑んだりして自適しているように見えた。娘を六人育てたので、リア王じゃないけど、その家をぶらぶら回って、お喋りもして。

**雨宮**　お金はあった？

——ない。

**雨宮**　娘たちがみていた？

——義母が生きていたころは、彼女がお客さんをつくって絵を売っていました。それなりの人たちに売るためには男の顔が必要なときも多いので、いつも隣に座っていた、夫婦仲もよくて。その義母が先に逝って、その後はそういうふうにノンシャランに生きていました。それが闘っているようにも見えたんです。死んだのは二十年ほど前ですけど、いまはもう、そういう人がいるなんてちょっと考えられない。金があってもなくても。

**雨宮**　いまなんか、朝八時から夜十一時ぐらいまで働いて、「働く」ならそれくらいが当たり前という状態ですもんね。趣味とか余暇に使う時間もない。

――そう。そういう意味でも、他者の目を気にしてみんなが汲々とするようになった今の息苦しい社会を考えていくために、その元凶の一つとして葬り去られただけで終わりそうなオウム事件の真相などは、国民のいろんな力を合わせて突き止めて、その結果をきちんとみんなの前に開いておかないといけないと思います。

**雨宮**　でも究極的に関心が薄い。もっとメディアが騒ぐというか総括するというか、ぜひとも、この二十何年かを問い返す機会にしないと。**あの事件がきっかけで、日本は監視社会にも突き進んだわけで**、今や共謀罪までできちゃった。あの事件は、テロの時代みたいなものの、まさに幕開けだったわけだから。

――オウムと9・11で、すべての反対運動と抵抗運動が、テロと一括りにされるようになったところがありますね。死刑が執行されたときの新聞なんか、予定稿をポンと出して終わりという印象さえありましたもん。

**雨宮**　今はブラック企業のほうがその辺の新興宗教なんかより怖いっていうか、よっぽどカルトじゃないですか。**資本主義カルト**です。だって、ブラック企業で働くなんて、まるで修行じゃないですか。それが解脱にも成就にもならずに、過労死と体と心を壊すことにしか繋がらないっていう。そんな意味のないスパイラル。

あと、オウム事件が起きるちょっと前ぐらい、九〇年代はじめくらいまでは、日本には「こうすればそこそこ幸せになれますよ」っていう、既成のルートがあったじゃないですか。わざわざ会社を辞めたりして踏み外さない限り、望めば結婚もできるし子どもも作れるしローンを組んで家も持てると。そういう見通しがあったけれど、今はそんなものはひとつもない。働いたって、非正規だったら結婚や出産やローンを組んだ家なんかはなかなか手の届かないものになってしまったし、そこから抜け出す道はものすごく狭いし、幸せどころか、最低限食いっぱぐれない方法すらわからない。今、その不安につけこむものは宗教以外にも無数にあると思う。たとえばイスラム国に合流しようとして実際に行こうとした北大生だっていた。彼は就職活動がうまくいかなかったと語っていましたが、同時期には、韓国からイスラム国に合流するためにシリアに渡った韓国人の若者もいました。それだけでなく、ヨーロッパ中から様々な鬱屈や疎外感を抱えた若者が合流しましたよね。そういう心の隙間につけ込むものは宗教に限らず、これからもどんどん出てくると思います。

## 雨宮式バッシング対応術

――雨宮さんには、当然バッシングのご経験がおありだと思いますが、その切り抜け方についてはいかがでしょう？

**雨宮　説明すべきことは、ちゃんと説明する。**

例えば前章で触れたように、二〇〇二年の北朝鮮バッシングの流れで、よど号の娘と付き合いがある私は「北朝鮮に操られて動いている」とか、「北朝鮮のスパイ」みたいな言われ方をしました。その前まで、よど号絡みで五回も北朝鮮に行き、娘たちの「支援」をしている、という状況がそう思わせたんでしょうけど、でも、本当に事実を言うしかない。説明すればわかってくれると思ってました。私はただ単に、たまたま会って友人になった人が困っているから、友人に会いに行く感覚もあって北朝鮮に通ったわけです。だから、平壌に迎えに行って一緒に戻ってきたとかそんなことを馬鹿正直に言っていくしかない。事実そうだったし、北朝鮮やよど号グループから何かの司令を受けているはずがない（笑）。お金だって一円もどこからももらっていない。逆にガサ入れも入って、その容疑が私が八歳の頃のものだとか全部明らかにしていくことで収まりました。

## 人生相談をされたとしたら

――なるほど。では、ここで「仲間の見つけ方」「他人とのつきあい方」というところに立ち戻って、人間関係に苦しみ、悩んでいる普通の人たちに向けてアドバイスするとしたら、たとえばどう言いましょうか。

**雨宮**　悩んでいる人には、人との関係性を深めたり維持することが仲間内で目的化していて、それが苦しいと感じているのだったら、もうその人間関係は必要がないんじゃないかという感じの言い方をします。人によっては、状況によって、すごく弱っている時などに、ただただ目的もなく人とつながっていたい時もあるだろうし、その人の年齢や環境によってもまた違ってきますよね。中学生や高校生だったら、友達がいない、とくに同性の友達がいないと人間以下みたいな目で見られることもあるので、世代的なものもあるでしょう。ただ、**自分は人間関係の目的化をやめた瞬間、とても楽になった**という話はできるかなっていうことはありますね。

私の場合、追っかけでできた友達は、たとえば夜中の札幌の「すすきの」などに高校生が一人でいると危ないので友達といて一緒に「追っかけ」るとか、一種の防犯目的みたいなところがあったし（笑）、いろいろ情報も得られるしで、ある意味で「追っかけ」をするための道具に限りなく近かった。もちろん、好きなバンドが同じだったりすると話が合って楽しいというのもありましたけども。

## 「ネット心中」と「ネット殺人」

**雨宮**　でも、自分が見た究極の人間関係の道具化は「ネット心中」でした。「ネット心中」で会う人って、お互いにとって一緒に死ぬための道具なわけですが、いろいろ話をして相手のことがわかってくると、「あなたは死なないで」と止めたりするケースが結構あるんです。それで心中は失敗する。

一方で成功する「ネット心中」は、亡くなっているのでわかりませんが、そういう会話があまりなかったからこそできてしまったのかな、というのがよく言われることです。

なので、本当に自分が死ぬための道具だと、全員がお互いのことを思っているパターンだけしか成功しない。だから究極の他人の道具化ということを突き詰めると、たぶん死ぬための道具になる。

もちろん死ぬための道具というのは一番あってはならない人間関係ですが、道具ではないけど何か外にある目的を共にしていて、人間関係が目的にならないような関係が、私としては居心地がいいということがあります。

生きづらさ系のことで、最近衝撃を受けたのは、二〇一七年の十月、座間事件の時に、被害者の十五〜二十六歳の人たちがネットに「死にたい」というようなことを書いていたことが事件に巻き込まれるきっかけになってしまったことです。ネットに「死にたい」と書くことは、生きづらい人たちにとってはとても重要なことです。たぶん、SNSくらいでしか吐き出せない。私が今まで会ってきた人たちは、ネットや「死にたい共同体」の中では「死にたい」と言えるけれど、普段は、職場でも学校でも家族にも友達にも、言えば引かれてしまうと思って、絶対にそんなことは言わない、言えないと言っていました。元気で明るい自分を演じて、引かれることがないように細心の注意を払っている。

でも、そうやって自分を繕えば繕うほど、もっと死にたくなる人が多いので、ネットでその気持ちを吐き出すのがとても重要になると思うんです。それが座間事件のようにその言葉をきっかけに一本釣りされて呼び出されて殺されてしまうなんて……。

事件を受けて、そういう発言を規制するだの削除するだの、いろいろな動きが出ましたが、**規制する決まりを作って終わりなんて最悪のパターンです**。そうなると、彼らはいったい、どこで吐き出せばいいんだろうと思います。「死にたい」ということさえ取り締まりの対象になったら、息苦しすぎるという人はたくさんいる。

あの事件に似たような事件は、実は「ネット心中」が流行った〇五年にも起きています。三十六歳の派遣社員の男性が「自殺サイト」で出会った男女三人とそれぞれ会い、首を絞めて殺した事件で、犯人はもう死刑が執行されてるんですね。犯人は、首を絞めて殺すことに性的な興奮を感じるということで、「死にたい人たちなんだから、すぐ殺せると思った」というようなことを言っています。そうして捕まり、死刑確定から二年で執行された。

加害者は虐待家庭で育っていて、警察官の父親に首を絞められたりしていたそうです。それで人の首を絞めて興奮するという性癖になっていったようです。加害者の背景を見て行けば、それはそれで複雑な事情がありますが、座間の事件はまったくわからないですね。背景もよくわからないし、なぜ九人も殺したのかもわからない。すごく普通の今の若者、という感じがします。風俗のスカウトの仕事をしていたことも含め。

## 難しいのは「生活の困窮」より、「精神的な問題」

**雨宮**　「死にたい」と言われることは私もよくありますが、親しい友人だったらもちろん駆けつけたりしますが、一度も会ったことのない知らない人だとどう対応していいかわからないので困ることもありますね。逆に言うと、**相談内容が生活困窮の場合は簡単なんです**。私の周りには反貧困の活動家がたくさんいるので、生活困窮者を支援している団体を紹介できる。でも、「死にたい」だけだと背景がわからない。

以前、友人の中にも「死にたい」と連絡してくる人がいました。もともと鬱病だったんですが、ネットで出会った人と結婚して、その時はひきこもり主婦みたいな感じだった。でも鬱がひどくなって家事も全然できなくなってしまった。夫との仲も悪くなって、「出て行け」と言われて離婚話を持ち出される。だけど、鬱の彼女は働くこともできない。貯金もない。実家との仲は険悪なので帰れない。結局、話を聞いていると、「死にたい」の背景には、離婚されたら生活できない、本当にホームレスになるかもしれない、という問題があった。

そこで、生活保護のこととか、支援団体の情報とか、場合によっては一緒に窓口に行こうよみたいな話をすると落ち着く、ということがありました。それまで精神論的に励ましたりしていたのですが全然効果がなくて、でも、制度につなげるよ、こういう窓口に行けばいいんだよって伝えたことで、一気に開ける感じがあった。彼女も私と話をする中で、自分が何が不安で何に困っているか、明確になっていった。以来、友人や知人が「死にたい」という場合には、背景に生活苦や経済的な問題、失業などの問題がないか、まずそれを探るようにしています。

## 依存への対処の難しさ

**雨宮**　逆に生活の問題がなく「苦しい」という場合のほうが、対応としては難しいかもしれないですね。

私の過去の友人の中にもそういう人がいました。それでとにかく毎晩「死にたい」「辛い」と電話をかけてくる。それで何時間も話をする。もちろん、最初の頃は付き合いました。でも彼女は働かず実家暮らしで親もそこそこ理解があって一日寝ていても大丈夫。かたや私は次の日朝から仕事ということもある。それでも朝方まで電話を切らせてくれなかったりする。「死にたい」というだけじゃなくて、時々すごく攻撃的になったりもする。そういうことが続くと、だんだん電話に出なくなってしまった。そうしたらかかってこなくなって。そういうことから「元気になったのかな」って思ってたんです。でも、それから数カ月後に「自殺した」と連絡がくる。そんなことが何度かありました。

お葬式なんかで彼女の友人たちに会うと、みんな私と同じような経験をしている。深夜の電話につきあわされて、だんだん出なくなっていって。たまにかかってきても、久々に電話に出るとそれまで出なかったことを攻撃されるんじゃないかって怖くて出られなかったりとか。結局、ちょっとずつ時期をずらしてその人からの電話をとらなくなっていた。それで死んでしまった。

お葬式ではもちろんみんな後悔するんですが、それってやっぱり個人では限界がありますよね。一人に負担がかからないように、みんなでチームを作って当番制にするとかいろんな案があると思うんですけど、とにかく「死にたい」人をたった一人では絶対に背負えない。共倒れしてしまうから。どうやってみんなで支えていくか、大きな課題ですね。いや、支え合うか、ですね。こっちだってどうなるかわからない。

今、私には信頼できる精神科医の方が何人かいるので、「この人だったらこの人が合うんじゃないか」って人を紹介したりはしています。個人的に信頼できる精神科医、なおかつその人が行きやすい場所にいる人。でもそういう人は見つけるのが難しいです。その技を使えるようになったのは、やっとこの五年ぐらいですね。

## 「生活保護」と自活

——お医者さんも忙しいですよね。開業医をしていれば、一人の患者さんに当てられる時間は限られている。十分なカウンセリングをせずに薬だけを処方すると、不信感を抱いてしまうという人もいるし、医者は信用できないといって何人も変えている人だって当然いる。雨宮さんにはこの人を紹介できるということがあったとしても、それも個別の解決に留まって、全体的な問題となると考えあぐねちゃいますよね。

**雨宮**　『この地獄を生きるのだ　うつ病、生活保護。死ななかった私が「再生」するまで。』（小林エリコ、イースト・プレス）という一七年に出た本があります。著者の体験を書いているんですけど、その中には、病院と福祉事務所の関係がかなり密な感じで、未成年の患者に病院スタッフが「二十歳になったら生活保護が受けられるから頑張るのよ」と励ますシーンがあります。そうして一度生活保護を受けると、なかなか抜けるのが難しい、という実態が描かれています。

――生活保護を受けるほうがいいこともあるんじゃないですか。今増えている親御さんと同居する引きこもりの人などは、親御さんにたぶん多大な負い目を感じているでしょうし。

**雨宮**　そういう方は生活保護を使って一人暮らしをしたほうがいいかもしれませんね。私の知り合いでも、実家の親との関係が悪くて精神障害もひどくなるばかりで、支援団体の助けも借りて、「実家にいることがこの人の病気にとってはマイナス」だと診断書を書いてもらって生活保護を取り、一人暮らしを始めたらすごく元気になって働けるようになったという人がいます。親との確執って、時には本人を何もできないほどに疲弊させてしまいますからね。それは一つのやり方としていいと思いますけど、でも病院が、軽症の人にも二十歳になったら生活保護が取れるから取らせてしまうというのは……。思春期でちょっと困っているぐらいの人にもそんな指導をして本当に受けさせせているのはどうなのかと思います。その人の人生の選択肢を狭めているというか……。

## 「べてぶくろ」の活動

――患者さんに生活保護を受けさせることによって、自分の病院のシステムがビジネスとして続いていく。患者さんのことを思えば患者ファーストでは全然ない。生活保護自体は別に悪くも何ともないと思いますが、そういう裏があるのは犯罪的な感じがします。生き殺しと同じで、エサだけ与えられるような状態になる。そこには行政などが介入して、何かするべきなんでしょうか。

**雨宮**　その人の状況にもよると思います。

例えば〇八年から〇九年にかけて**年越し派遣村**がありましたよね。五〇〇人以上のホームレス状態の人が一緒に日比谷公園で年を越した。年明けに集団生活保護申請をして、それぞれ仕事を見つけたりアパートを借りたりと人生の再出発をした。そんな派遣村の取り組みの時に初めて知ったのが、失業しただけの人はある程度の支援ですぐに自立に向けて歩み出せるけど、最後まで残るのが精神的な病気や障害を抱えた人ということでした。

失業者でホームレス状態の人は、住む場所と生きる基盤を整えればあとはなんとかなる。でも、精神疾患の人は、なかなか働けなかったり受け入れ先がなかったりで、何カ月もかかったケースもあると聞いています。今、生活保護が派遣村以前よりは受けやすくなっています。いろんな支援も十年前よりはある。それでも今もホームレス状態にある人の中には、そんなふうに様々な病気や障害を複合的に抱えていて、支援が難しいケースが多い。

池袋の要町に「**べてぶくろ**」というのがあるんですが、そこでは精神障害や元ホームレスやいろんな**生きづらさを抱えた人たちが集まって**わいわいやっている。「べてるの家」と「池袋」で「べてぶくろ」です。共同住居やグループホームを運営しつつ、「べてるの家」のようなミーティングがあって、当事者研究などをやっている。私も何度かお邪魔しましたが、自分たちが生きやすくなるための社会資源を出し合うとか、そういうことをしながら助け合って生きている。要町にはホームレス支援をしている「TENOHASI」という団体もあって、近くには「要町あさやけ子ども食堂」もある。それ以外にも「世界の医療団」とか「訪問看護ステーションKAZOC」とか、いろんな団体が要町を拠点にしていて、もうあの辺で一文無しで倒れたとしても絶対にどっかの支援団体が助けてくれるというような、セーフティネットが異様に高密度な場所なんです。

たぶんそこが日本で一番先進的な、精神障害とかホームレス問題を扱っている場所だと思います。私も、本当に大変な人はそこに連れていこうと思っています。

## 困った時、どの窓口に行けばいいか

——雨宮さんには、相談を受けたときにわりと体系化されている、こういう時はこうしようという一覧表といいましょうか、頭の中でできあがっているシステムがあるんですか。

**雨宮**　そうですね。それはあります。家がないとかお金がない、食べられないとなると「**もや**

**い**」（「特定非営利活動法人自立生活サポートセンター・もやい」：ホームレスや派遣労働者や生活保護受給者などの自立支援を行なう認定特定非営利活動法人団体）とか、生活保護で困っているとかだと、「**首都圏生活保護支援法律家ネットワーク**」とか。ＤＶや女性特有の問題なら詳しそうな女性活動家に相談したり。

――そういう一覧表みたいなものがあると便利じゃないでしょうか。やっぱり相談するところがないんですよ。立派なお医者さんやいろんな優れた方がいらっしゃるのはわかるけれども、現実的にその人間を動かせるかどうかというのがわかりません。情報は基本的に多いほうがいいし、だからと言ってネットでは玉石混交だし、わけがわからない。いまや情報過多で、生きづらさとか死にたいとか検索しようものなら一体どこに連れていかれるか、わからないところもある。これからは老人問題もありますし。

**雨宮**　最初の窓口だけわかっていればいいケースもあります。最近、私は単身アラフォー女性の取材をして、私もそうですが、この年代になると親の介護が一番ホットな話題じゃないですか。でもみんな不安といいながらも、**最初にどこの窓口に行けばいいかを全然知らない。実際はまず「地域包括支援センター」に行くといい**んですが、この名前すら知られていない。生活保護もそうですよね。制度があることは知っているけれど、どうやって言えば受けられるのかとか、そこからわからない。知っていると知らないのとでは、人生が変わるくらいの違いが出る。しかるべき場所に相談すれば、あっさり解決することもあります。ただ、制度の名前を知らなかったりすると、わざわざ教えてくれる人ばかりとは限りません。制度の名前なんかを調べて覚えておくだけで安心感があると思います。あとは一人でなんとかしようとしないこと。それぞれ専門で相談に乗ってくれる場所はあるはずだから、とにかく専門家にいろいろレクチャーしてもらう。

## ミソジニー、フェイク、沈む日本

――さっき、アーチャリーこと麗華さんがネットでバッシングされた話をしていましたが、男だったらあんなにバッシングを受けないのではと思われますか。

**雨宮**　はい。女だからというのは絶対にあると思います。

――その「女だから」ってことについて、もう少し言葉をいただけませんか。

**雨宮**　麗華さんに絡んでネットでバッシングしている人には男性が多いような気がします。これが麻原の息子だったら、そこまでは言われないと思うんです。若い女だっていうその一点でもっと叩いてやれみたいな。それは麻原や「よど号」の事件に限らず、シールズの女子とか、いろいろリベラル系の運動をやってる若い女性に対するバッシングには相当のものがあるので、彼女の場合もそれと共通する周囲の悪意を感じたということです。ここにいい餌食がいる。じゃあみんなでリンチしようみたいなノリと、同じ感じがして。

――それはマウンティング文化の卑しい裏返しだと考えちゃいけないのかな。そうやってリンチすることで、自分がさもしく持ち上げられるっていうか。

**雨宮**　それもあるでしょうね。あと、たいした悪気もなく、何も考えてない、ただの祭りという感じもあります。はい麻原が死んだぞ、娘がいたはずだ。ツイッターアカウントがある。ツイッターをやってるなんて被害者遺族を傷つけるつもりか。そういう、生きてることやツイッターをやっていることに対する、言いがかりみたいな感じなんです。

――突き詰めれば、「お前いなくなれ」ってことですか。

**雨宮**　「死ね」ってことだと思います。でも男性でそういうふうにネチネチやられる人はあまり見たことがないですね、そういえば。なんかそういう、えげつない集団リンチを受けるのは、やっぱり女性が多い気がする。

――それで言うと、ちょっと話は飛びますが、ＬＧＢＴの東大教授で今度の東松山市長選に出た、女装家の安富歩《やすとみあゆみ》さん（一九六三年〜、経済学者、東京大学東洋文化研究所教授。著書に『原発危機と「東大話法」』など）、ああいう人たちの活躍は希望じゃないですか。

**雨宮**　安富さんは、お会いしたことがないですけど、インタビューとかでいろいろ読んでいるし、素晴らしい人だと思います。

今回のオウムの死刑執行とその娘たちに対するバッシングを見たり、あと最近出た『フェイクと憎悪　歪むメディアと民主主義』（永田浩三ほか著、二〇〇八年、大月書店）という本などを読むと、あらためてフェイクとヘイトについて考えますね。事実なんかはどうでもよくて、嘘でも何でも、その話に乗りたいと思ったら乗る人がいるわけじゃないですか。だからフェイクニュースが拡散する。

それに対して、これが真実だよとか、例えば生活保護だと不正受給が騒がれてけしからんと言われるけれども不正受給者は二パーセント以下しかいないんだよとか言っても、**信じたい人は大勢が不正受給をしているっていうフェイクのほうを信じたがる**ので、ファクトを出してもなんにも意味がないやと、無力感を感じるぐらいに思います。真実なんか誰も必要としてないというか、面白くてわかりやすくて喉越しのよい、消費される物語しかいらないみたいな開き直りをとても感じるので。

そういう中で、死刑の是非も問われないし、七人同時の死刑執行も忘れられていくという感じになっていくような気がして、本当になかなか希望が見出せない。

しかも、日本という枠で考えると、日本人だけが日本がまだ豊かないい国だと思い込んでいる気がする。でも、アジア人にとっては絶対に働きたくない国になりつつあるし、何か変な精神的鎖国が、いろいろ取り残される原因になっている感じもします。死刑執行のあり方もそうだし、情報公開の問題にしてもそうだし、公文書の書き換えもそうだし、身障者雇用の嘘もそうだし、いろんなことが、それも先進国ではあり得ないことが起きていて、実際はものすごい後進国というか。セクハラとかパワハラもそうですからね。

## 「人手不足ではなく奴隷不足」という真実

――こうなったら、半日ぐらいパソコンを止めて、社会運動としてネットストライキをするというのはどうでしょう。一瞬でも半日でも、産業社会には与したくないぞという意志表示をする。交通ストなんかをやったら、資本家じゃない人間のほうが困って、それこそバッシングの嵐になりかねない。で、パソコンを一斉に切って資本に打撃を与えるというファンタジーです（笑）。

**雨宮**　ずっと前から、非正規労働者たちが、非正規のゼネストみたいなのをやりたいって、言ってるんです。でも、ただクビになって終わりだなって。日雇いだったら、その日に行かなかったら日給がもらえないだけだし。

今、日本は「**人手不足ではなくて奴隷不足**」って言われてますよね。その通りだなあと思います。結局、際限なく働いてくれる、家族形成もしないし子どもも産まない「奴隷」が欲しいわけですよね。と思ったら、今の非正規の人たちの状況ってその先陣を切らされている。

――なかなか希望が見えませんね。

**雨宮**　フジテレビで『健康で文化的な最低限度の生活』っていう生活保護のドラマが一八年、放送されました。柏木ハルコさんという人の漫画が原作で、単行本で七〇万部ぐらい売れているんです。売れっ子の漫画家さんですが、彼女が貧困についての本などもすごい読んで、いろんな現場に来て活動家なんかに取材して書いた作品です。緻密な取材に基づいてるんですけど、ドラマのほうも原作の思いを汲んで、生活保護を利用している人を貶めるような表現はなかったと思う。ドラマだからどうなるかなと少し怪しんでたところがあったんですけど、すごくよかった。

私はずっと**生活保護のケースワーカーは命の最後の砦を守る仕事**で、窓口に来た人がそこで追い返されたら死ぬ確率が最も高いのが生活保護の仕事だと言ってきました。すごい尊い仕事だと思うんですけど、人気がないとか、誰もやりたがらない仕事みたいに言われていた。だから、いつかケースワーカーが主人公で、人気俳優や人気女優が出るようなドラマができて、みんながケースワーカーになりたいような社会になればいいねって言っていたんですけど、ある意味、それが実現した。

ケースワーカーってことでいうと、一七年、小田原市で「ジャンパー事件」という事件がありました。生活保護の担当者が「保護なめんな」とか「生活保護悪撲滅チーム」とか「不正受給はクズ」だとか、背中にいろんな酷い悪態を英語で書いたジャンパーを着て、十年間も受給世帯に訪問していたことが話題になりました。事件は一七年一月に発覚したんですが、一月の二十四日には私も入っている「**生活保護問題全国対策会議**」という団体があって、私も含めて十人ぐらいで申し入れに行ったんです。なんでこういうことが起きたのかっていうことと、再発防止のために何をするかっていうことで。

そうしたら二月には小田原市に「生活保護行政のあり方を考える委員会」というものが作られて、そのメンバーには元生活保護受給者も入り、すぐに四回ほどの会合をやった。それで四月には報告書が出て、怒濤の改革をしていくということがありました。一八年七月には、小田原の市民と小田原市の職員を呼んで、ジャンパー事件後の小田原がどういう改革をしてきたのかというシンポジウムをやったんです。そうしたら素晴らしく変わっていた。

## 小さくて実践的な「希望の灯」

**雨宮**　検討会で問題になったのは、「生活保護のしおり」という、生活保護利用者に配られる、生活保護とはなんぞやというパンフレットがひどすぎるということでした。なぜかというと、他の自治体では、利用者には漢字が読めない人も多いので、普通は字が大きくて漢字にルビが振ってある。それで、生活保護とはこういうものですよ、こういう人が受けられますよと、わかりやすく書いてある。ところが小田原の場合は、一ページ目からいきなり役所用語ばっかりで、こういう場合は受けられませんとか、こういう場合は打ち切られますとか、通院や仕事に必要な場合以外は車を持てませんとか、けっこう事実と違う情報が書いてあった。これは大問題だと指摘されたら、それも直していました。結局、いまでは全国の活動家が自分の自治体に小田原のしおりを持って行って、こういうふうに作ってくださいとお手本にするような素晴らしい「しおり」になった。

生活保護のケースワーカー一人当たりの担当世帯も、九十世帯ぐらいあったのが標準の八十世帯まで減らしましたし、生活保護を申請して決定するまで普通は二週間以内と決まっているんですが、小田原ではほとんど守られていなかった。それを九割以上、ちゃんと二週間以内に決定するようになったとか。

私は生活保護のことでいろんな自治体に申し入れに行った経験があって、たとえば二〇一二年に札幌で餓死事件が起きた時にも行ったし、利根川の一家心中事件の時にも行ったし、埼玉で親子三人が餓死した時も行っているんですけど、小田原みたいに迅速で適切な反応があったという話は聞きません。もちろん変わったという話自体はありますが。しかも小田原では、職員がちゃんと顔と名前を出して、こういうふうに変えましたって説明していた。

――その方は、変える前から同じ部署にいた方なんですか。

**雨宮**　一人は福祉課の福祉の仕事の人で、もう一人は、総合企画みたいな部署の人でした。二人とも、さすがに生活保護の現場の職員ではなかったです。現場の人は、やっぱりなかなか来づらかったんだと思います。ただ発覚後すぐに市長が謝罪して、きちんと改革しますと言ったら、本当にどんどん変わっていった。小田原ジャンパー事件があった時には、「これは誰もやりたがらない人気のない仕事だから、こういうジャンパー作ってモチベーションを上げてました」というような、わけのわからないおかしな説明をしていたんですけど。でも、そのシンポジウムでは、生活保護の仕事のことを、「一番やりがいのある仕事です」と言うようになっていました。

これは、自分たち貧困問題の活動家にとって大きな希望というか、一番したかったことでした。**現場の人たちとこうやってオープンに話し合って、意見交換して、良くしていくっていうことが**

したかったんだっていうことで、メンバーみんな感動していた。十何年越しにやっと叶ったというか、みんなも「やっと叶ったね」、「こういう自治体の職員の人が現れてくれてよかったね」って。

そういう少しずつ変わっていることはあります。そういう実例で、スターを作っちゃえばいいとか、結構その他のいろんな地方でも、「スーパー公務員」なんていって持ち上げる例があって、その人たちはこんないいことをしてますよっていうような、そういう実例が広がってきてはいるんです。そういう人がたくさん出てくれればいいなと思っています。

――最後に、ようやく希望が仄見える話が出てきましたね。どうも、有難うございました。

このインタビューは二〇一八年四月十六日（月）、五月十一日（金）、七月十八日（水）の三回にわたって、いずれも東京・飯田橋の株式会社言視舎で実施されました。

**雨宮処凛**（あまみや・かりん）

1975年北海道生まれ。作家・活動家。フリーターなどを経て2000年、自伝的エッセイ『生き地獄天国　雨宮処凛自伝』(太田出版、ちくま文庫)にてデビュー。2006年から貧困･格差の問題に取り組む。著書に『「女子」という呪い』(集英社クリエイティブ)、『非正規・単身・アラフォー女性　「失われた」世代の絶望と希望』(光文社新書)など多数。『生きさせろ！難民化する若者たち』(太田出版、ちくま文庫)にてJCJ賞(日本ジャーナリスト会議賞)受賞。

**今野哲男**（こんの・てつお）

1953年宮城県生まれ。編集者、ライター。横浜市立大学文理学部中退。78年竹内敏晴演劇研究所に入所。その後、演劇現場を離れ、月刊『翻訳の世界』編集長を経て99年からフリーランスとして活動。現在、上智大学文学部英文科非常勤講師。著書に『言視舎評伝選　竹内敏晴』、インタビューによる書籍に、鷲田清一『教養としての「死」を考える』、吉本隆明『生涯現役』（以上、洋泉社･新書y)、森達也『希望の国の少数異見――同調圧力に抗する方法論』、木村敏『臨床哲学の知――臨床としての精神病理学のために』、小松美彦『「自己決定権」という罠―ナチスから相模原障害者殺傷事件まで』（以上、言視舎）、竹内敏晴『レッスンする人』（藤原書店）などがある。

装丁………長久雅行
DTP 制作………勝澤節子
編集協力………田中はるか

雨宮処凛の活動家健康法
「生きづらさ」についてしぶとく考えてみた

発行日❖2019年6月30日　初版第1刷

著者
雨宮処凛
聞き手・構成
今野哲男
発行者
杉山尚次
発行所
株式会社言視舎
東京都千代田区富士見 2-2-2 〒102-0071
電話 03-3234-5997　FAX 03-3234-5957
https://www.s-pn.jp/
印刷・製本
モリモト印刷㈱

ISBN978-4-86565-149-2 C0036